KB067899

My Success My Amway

나의 성공! 나의 암웨이!

AMWAY MY SUCCESS

···서/두/에···

이 책에서 처음으로 나의 이름을 알게 된 독자분들에게는 나에 대해 잘 모르거나, 무슨 일을 하는지 모를 것입니다.

나는 '뭔지' 잘 모를 일이란 것에는 '뭔가'가 있다라고 말하고 싶습니다.

불특정다수의 사람들에게 책이 읽혀지기 위해서는 모두들에게 「과연, 그렇겠구만, 확실히 그건 그래」 하고 받아들여지는 이야기를 하지 않으면 안된다.

「누구에게나 오늘부터 당장 도움이 된다」라고 하는 식의 입담이 좋은 내가 아니다.

비즈니스사회에서도 마찬가지여서, 열명이면 열명 모두가 '

그 이야기가 그이야기' 정도로 끝나버리는 수가 많은 것이다.

"잠깐 봅시다. 그게 좀 이상하지 않아요?"

하고 이론(異論)을 제기하는 사람이 있어서, 다섯명은 대찬성, 다섯명은 크게 반대여서 큰 싸움이 된다. 그런데 그런 아이디어나 상품이 파워가 있다.

누구나가 빵에 잼이나 크림을 넣거나 돈까스를 끼워넣으면 잘 팔린다고 하는 것에는 금방 생각이 가지만,

'단팥을 넣어 보면 어떨까?'

의 아이디어에는

'그건 이상하잖아? 안팔린다구'

하며 반대했던 사람이 있었을 것이다.

만일, 지금으로 부터 20년 전에 '당신은 20년 후에 이렇게 되어 있을 것이다.' 하고 누군가가 '현재의 나'를 예언했다면, 나는 '설마—' 하고 전혀 믿으려 하지 않았을 것이다.

당시 악기회사의 세일즈맨을 하고 있던 나는 '1년에 두세번은 해외여행을 할 수 있는 신분이 되었으면' 이라든가, '1억 정도 돈을 벌었으면' 하고 생각하고 있었다. 그것은 20세 전후의 사회 초년생에게는 꿈일 뿐이었다.

그러나 꿈은 이루어졌다. 아니, 현실은 그 이상이었다.

'뭔지 잘 모르니까'하고 찬스에 등을 돌리고 있었더라면 지

금도 20년 전과같은 꿈을 계속 지니고 있는 채 였을 것이다.

모르기 때문에 한번 보고싶고 들어보고 싶고 해보고 싶은 것이다. 그리고 거기서 부터 길은 열려가게 되는 것이다.

'나의 10년 후, 20년 후에는 어떻게 되어 있을까? 대강 짐작이 되니까 안심하고 살아갈 수 있다'고 하는 사람과, '앞날의 일은 알 수 없으니까, 작은 꿈을 갖고 살아 갈 수 있다'고 하는 사람, 그 어느 쪽의 사람에게도 찬스가 있기를 바라면서, 펜을 들었다.

비즈니스나 생활방식의 '뭔가'가 되어 준다면 더 이상 기쁜 일이 없겠다.

1993년 6월

나까지마·가오루

차 · 례

1 장. 꿈은 인생의 에너지

차 · 례

2 장. 일이 놀이로, 놀이가 일로

3 장. 나를 떠받치는 성공 사고법

차 · 례

4 장. 감동이 모든 것의 키워드

제 1 장

'꿈'은 인생의 에너지

My Success, My Amway

체크인이 필요없는 온리원

관서지방 어느 호텔이었습니다.

예약한 방을 체크인하려고 프론트에 들어섰을 때의 일입니다. 프론트맨이 나를 보자마자,

"나까지마씨시죠? 기다리고 있었습니다."

라고 하더니 아무 말도 하지 않았는데 예약된 방의 키를 쑥― 내미는 것이었습니다.

"어, 어떻게 알았어요?"

내가 명찰을 붙이고 있었던 것도 아니고, 옆에 있던 사람이 '나까지마씨'하고 부른 것도 아니었습니다.

몇번쯤인가 이용한 경험이 있는 호텔이긴 했지만 프론트맨의 얼굴을 나는 기억을 못합니다. 그러나 틀림없이 상대방에게는 '기억하고 있는 나까지마씨'였겠지요.

그 이후로도 예약전화를 할 경우 한마디 '나까지마인데요'라고 하면 '언제나 같은 그 방'을 예약해 주었습니다.

왠지 유명인이 된 것 같은 기분에 조금은 즐겁고 조금은 두려웠습니다.

'나는 상대방을 모르는데 상대쪽에서 나를 알고 있다는 것이…'

물론 우리 비즈니스 회원들 가운데서는 내가 꽤 알려진 얼굴이지요.

요즘 같은 거품 경기때 부동산업을 하는 것도 아닌데, 부동산 업자처럼 돈을 쓰는 사람은 거의 없지요.

그래서 싫어도 기억되는지 모릅니다. 어찌됐든 '제가 예약한 나까지마입니다. 체크인하고 싶은데…' 등 일일이 말을하지 않아도 되는 것은 대단한 일입니다.

한번은 언젠가, 친구와 같이 택시를 탔던 때의 일입니다. 그와 나는 같은 일을 하고 있는데 그날의 화제는 '카리브해의 리조트 호텔에서 어떠했다라든가, 홍콩에서의 선상 파티가 어떠했다라든가, 이번에 차를 바꾸었다든가' 하는 이야기를 하고 있었을 때입니다. 운전을 하고 있던 기사가 이상하다는 듯이 이렇게 물었습니다.

"손님 실례지만 어떤 일을 하시고 계십니까".

"예―. 왜 그러십니까?"

"아니, 요즘 같은 불경기에 좋은 얘기를 하는 사람은 뭔가…"

"아아, 그렇습니까?"

하며 친구와 나는 서로 마주보며 살며시 미소 지었습니다.

택시 운전수는 여러 곳을 다니기도 하며 또 수많은 사람들을 태웁니다. 요즘 같은 경기에 어떤 사람을 태워도 어두운 얘기를 하는 사람들 뿐이었는데 친구와 내가 하는 이야기를 듣고는 꽤 놀란 것 같았습니다.

확실히 주위에는 '도산'이니, '경영부진'이니, '해고'니 하는 어두운 이야기 뿐이었습니다.

그러나 내 사업만은 순조롭게 신장되고 있었습니다. 취급하는 것이 경기에 좌우되지 않는 필수품이고, 그래서 화려한 광고도 전혀 필요없는 그야말로 입에서 입을 통해 성장해 온 사업입니다.

그러므로 경기의 흐름 여부에 관계없이 크게 성장해 가는 것은 당연한 일이지요.

이 사업을 시작한 지 10년.

지금의 나는 '욕심은 나는데, 하고는 싶은데 돈이 모자라 살 수 없고, 할 수 없는 일'은 거의 없습니다.

예를 들어 비즈니스가 아닌 개인적인 여행에서도 비행기는 특등석(First class)으로, 여행지에서 호텔은 최고급이라 불리우는 곳, 그러니까 프랑스 파리라면 '릿츠', 타일랜드라면 '오리엔탈의 스위트 룸' 등을 이용합니다.

"어떤 집에서 사세요?"

하고 물으면

"전원의 빌라맨션입니다"

라고 대답하죠.

그러므로 택시 뿐만 아니라 호텔, 비행기 안 등에서

"실례지만 당신은 어떤 일을…"

이라고 질문받는 일이 자주 있습니다.

"암웨이 비즈니스를 합니다."

"아아 들은 적 있어요. 세제를 판다는, 그 회사 직원입니까?"

"아니요. 나는 그 상품을 취급하고 있는 디스트리뷰터입니다"

"그렇다면 세일즈를?"

암웨이라는 이름과 '미국에 있는 세제 방문판매 회사'라는 것 정도밖에 아는 것이 그사람들이 알고 있는 대부분입니다.

그리고 그런 질문을 하는 상대방은 한결같이 '세제 세일즈맨의 이미지와 나와는 아무래도 어울리지 않는다'는 표정을 짓게 됩니다.

무리도 아닙니다. 나 자신도 스스로를 세일즈맨이라고 생각해 본 적이 단 한번도 없으니까요.

나는 단지 디스트리뷰터라고 하는 신분의 개인사업주로서, 어디까지나 일본 암웨이와 계약하고 있는 것입니다. 결코 고용되어 있는 것이 아닙니다. 그러므로 나와 회사간의 입장은 50대 50으로 대응 관계인 것입니다.

또한 보통의 세일즈맨과 다르므로 내가 힘들여 세일즈를 하지는 않습니다. 그 일례로, 내가 모르는 집에 들어가 '아줌마, 좋은 세제가 있어요. 사용해 보시지 않겠어요?' 라든가, '카다로그만이라도 두고 갈까요?'라는 따위의 말은 해 본 적이 없습니다 다만 자신이 써보고 좋다고 생각한 물건을 '이런 좋은 물건이 있다'고 친구에게 알려 준다거나 '필요하다'고 하는 사람에게 나누어 준다든가, '나도 내가 아는 모든 이들에게 이 제품을 전하고 싶다'고 하는 사람에게 '협력해 주겠다'라고 말하는 정도이죠. 그러던 것이 그런 사람들이 점점 많아져 어느새 이런 큰 사업이 된 것입니다.

나는 암웨이 비즈니스를 시작하면서 '이것은 굉장한 일이다. 억 단위의 돈이 들어온다'라고 직감했습니다.

그러나 '크라운 엠버서더'가 되고 싶다고 생각한 것은 훨씬 뒤의 일입니다.

그리고 현재 그 생각은 굉장한 일이 되었습니다. '억단위의 돈'이 들어오는 '크라운 엠버서더 즉 넘버원'이 된 것입니다.

게다가 지금은 크라운 엠버서더 넘버원에서 온리원이 되었습니다. 크라운 엠버서더는 암웨이 핀레벨중에서 최고의 칭호입니다. 그리고 '92년 9월에는 '파운더스'라는 핀도 받아 '파운더스 크라운 엠버서더'가 된 것입니다.

이와같은 핀레벨을 갖고 있는 사람이 현재까지로는 전 세계의 Amway 사업을 하는 모든 이들 중 저 하나 밖에 없습니다. 저는 세계 어느곳엘 가도 '일본 Amway의 DD인 나까지마'가 아니고 그냥 '나까지마'인 것입니다.

나는 넘버원을 넘어서 Only-one이 된 것입니다.

자기 사업을 갖고 있는가

미국의 엘리트 사업가가 모이는 파티에서는 간단한 자기소개를 한 후 반드시라고 해도 과언이 아닐 만큼 '당신은 어떤 사업을 하시죠?'라고 묻는다고 합니다.

일본과는 달라 '먼저 인사 대신 명함'이라고 하는 것은 없습니다. 상대방이 어느 회사에서 근무하고 있는가 따위는 아무래도 상관없는 것입니다. 개인적으로 어떤 사업을 하고 있는가 그것이 관건입니다.

일본에서는 대기업의 명함을 내고 '나는 ○○○ 회사의 ××부서에 있습니다'라고 하면 그 나름대로 평가를 받습니다. '훌륭한 회사에 다니시는군요'라는 식의 평가 말입니다.

부인도 마찬가지입니다. '동창회등의 모임에서 우리 남편은 ○○○회사의 부장'이라고 말하면 즉시 친구들의 코를 납작하게 할지도 모릅니다.

그러나 회사가 아무리 크고 훌륭할지라도 본인이 훌륭하다는 것은 아닙니다. 어떤 큰 회사에서 어차피 고용인은 고용인이기 때문입니다. 나도 곧잘 '당신은 어떤사업을 하시죠'라고 질문을 받는 반면 반대로 상대방에게 물어보는 경우가 있습니다. 예를 들면 해외 출장시 만난 여자 통역원에게 혹은 파일럿, 어떤 회사의 샐러리맨들에게…….

내가 '당신의 사업은?'하고 물으면 모두 잠시 멍한 얼굴을 하다가 '이런 이런 일인데요'하고 대답합니다. 멈칫하는 것도 당연합니다. 상대방은 지금까지 나의 통역을 해주던 사람, 파일럿, 제복을 입고 있는 사람 또는 회사명과 직함이 붙은 명함을 내미는 사람입니다.

그러나 나에게는 그런 회사명이나 직함은 아무래도 상관 없습니다.

'유감이군요. 그런 일이 가능하다면 다른 일도 가능한데 당신은 이 정도에서 한가지 일로만 끝나는 사람은 아닐텐데요' 라고 말을 합니다.

그리고 저에게 이런 식의 말을 들은 사람들중 자기사업을 하게된 사람이 많습니다. 그리하여 '자신의 사업'을 갖게된 많은 대부분의 사람들이 성공하여 스스로 자신의 Life style을 완성해 나갑니다. 자기 사업은 자기 것이므로 어떤 것에도 속박되지 않습니다 그래서 '의지가 강하면 강한 만큼' 자신에게 돌아오는 것이 있습니다.

일반적인 경우 '고용되어 있는 신분'의 비즈니스라면 마음에 없는 일을 해야 되는 경우가 많고 그만큼 자신에게 돌아오는 것도 없습니다. 텔레비젼 보기에 열중하고 있는 아이에게 아버지가 담배를 사오라고 하면 아이는 싫어 합니다. 그러나 로보트를 사줄 테니 어떻게 할래 하면 아이는 기쁜 마음으로 사오겠지요.

우리도 '어떤 로보트를 선물로 받게 될까', 그럼 '어떻게 놀까'라고 설레며, 담배 자판기에 동전을 넣고 있는 아이와 같은 것인지도 모릅니다. 로보트 받는 것만 생각하므로 담배 자판기까지의 먼 거리도, 밤이라는 어둠도, 추운것도, 지나는 길에 짖어대는 개도, 어떤 것도 무섭지 않고 괴롭지 않습니다.

그러나 어떤 경우 '로보트 따위는 받지 않아도 좋아, 밖에 나가는 것은 귀찮아'라고 하는 아이도 있을 것입니다.

텔레비젼 게임만으로 만족하고 다른 놀이는 생각지도 않으려고 합니다. '한평생 한가지 일만을 꾸준히 해 나간다'는 인생도 분명히 대단한 것인지도 모릅니다. 그리고 우리는 대충대충의 일, 대충대충의 돈, 대충대충의 인간관계로 만족하고 있으면 거기에서 더이상의 발전이 없이 성장이 멈춰버리고 맙니다.

만족이라는 '함정'에 빠져 버리는 것입니다. 그리고 결과는 대부분이 대충대충의 인생이 되는 것입니다. 다만 계속해서 만족할 수 없다는 것입니다. 만족하는 다음 순간에 새로운 꿈과 목표를 향해 나아갈 수 있어야 하는 것입니다.

그러므로 나는 언제나 내가 만나는 모두에게 더욱 더 밖으로 눈을 돌리라고, 자신의 가능성을 믿으라고 권장합니다. 가능성을 정지시키는 것은 정말 참을 수 없습니다. 그래서 나는 언제나 내 자신의 가능성이 어디까지 크게 성장해 가는지 계속해 보고 싶습니다.

감동한 그때가 기회

나는 평상시 '굉장하군!' '역시 재미있어'라는 식의 감탄부호가 붙은 말을 곧잘 사용합니다.

그래서 희노애락이 격렬하고, 뭔가에 크게 감동하고, 어떤 일에 몹시 감격하여 다른 사람 앞에서 울어버리는 난처한 경우도 종종 있습니다.

그리고 감동하면 거기서부터 '무언가를 시작하지 않으면 안된다'라는 기분이 듭니다. 암웨이를 처음 대했을때도 '이건 굉장하군'하면서 곧바로 사인한 것도 이런 성격때문인지도 모릅니다.

그리고 대중심리적인 성격이어서 '굉장한 사람'을 만나면 친해지고 싶고 '굉장한 얘기'를 들으면 그렇게 해보고 싶다고 생각합니다.

암웨이 비즈니스를 시작하여 얼마 안되었을 때의 일입니다. 미국인 디스트리뷰터에게 초대받은 적이 있었는데, 그곳은 저택이라기보다 '굉장한 성'이었습니다.

그 사람은 당시 크라운 엠버서더라는 핀 레벨에 있으므로 이제 막 달리기를 시작한 나와는 엄청난 차이가 있었습니다. 그러므로 그 저택에 있는 사소한 것 하나하나에까지 '굉장하군'하며 감동하고 있었습니다.

암웨이에서 디스트리뷰터를 해외여행에 초대할 때는 각각의 핀레벨에 부응하는 조편성이 되어 있습니다. 크라운 엠버서더라면 가족을 포함해 비행기도 호텔도 모두 최고급 대우로 주변관광에는 전용 헬리콥터를 띄우고 쇼핑을 갈땐 운전수가 달린 리무진으로 모십니다.

"굉장하죠! 왕이된 기분이었습니다."

그에게 그런 얘기를 듣고 '크라운 엠버서더가 되면 이런 굉장한 생활이…'라고, 또다시 감동한 나는 '나도 크라운 엠버서더가 되겠다'라고 선언한 것을 생생하게 기억하고 있습니다. 그리고 선언한 대로 나는 그렇게 되어 지금은 그 미국인 디스리뷰터 이상의 '굉장한' 생활을 하고 있습니다.

감동하면서, 미래에 대한 꿈을 그려보는 것입니다. '플로리다에 별장을 갖고 싶다'라도 좋고 '저 사람의 힘만큼 되고 싶다'라도 좋습니다. 어쨌든 언제나 무언가 목표를 갖고 그 목표를 달성한 자신을 그리면서 가슴 벅차게 하는 것입니다. 그리고 그렇게 되도록 끊임없이 자신에게 동기를 부여합니다. 이것이 인생을 보다 즐겁게 살아가는 방법인 것입니다. 강조해서 말하면 이것이 오늘날 나의 성공을 불렀다고 해도 좋을 것입니다.

전부 플러스로 생각한다

'모든 꿈은 실현할 수 있다고 확신하고 있으면 정말로 그 꿈은 이룰 수 있다'라고 말하면 '그것은 당신이 특별하기 때문입니다.'라고 말할 지도 모릅니다.

그러나 나는 그렇게 생각하지 않습니다. 누구라도 자신의 꿈을 갖고 그것이 이루어진다고 확신한다면 그 꿈은 반드시 이루어지는 것입니다.

인간은 자신이 흥미없는 것이나 무리라고 생각되는 것은 머리속에 그리려고 하지 않습니다. 그러므로 당신이 생각하는 꿈이라는 것이 내가 안주할 수 있는 '실현 가능한 꿈'인 것입니다.

그러니 내게 뭔가 조금 특별한 데가 있다면 그것은 틀림없이 '무엇이든 전부, 좋은 쪽으로 생각한다'는 그것이라고 생각합니다.

대부분의 사람은 뭔가를 하고 싶다고 생각하다가 시간

이 없다고 생각하기도 하고 아직은 자신이 없다고 하기도 합니다. 그러다가 결국은 견디지 못하고 '이제는 틀렸다'고 하면서 하나씩 기회를 잃어버려 가는 것입니다.

예를 들어 어느날 아침 눈을 떠 보니 세상이 하얀눈으로 변해 있다고 합시다. 그 때 당신은 순간적으로 무슨 생각을 하게될까요. '아아! 눈이다. 하면서도 이런 곤란하게 되었군. 일하러 가지 않으면 안되는데, 자동차는 괜찮을까?'하고 걱정도 하겠지요. 그런데 이러면 어떨까요 '와—, 눈이다. 정말 멋있다'라고 전폭적으로 설경에 감동하는 겁니다.

그래서 자신의 인생을 어두운쪽, 나쁜쪽으로 생각하기보다는 밝은쪽, 좋은쪽으로 생각해 보는 겁니다.

텔레비젼을 켰더니 코메디프로가 나와, 코메디를 보고나니 영 재미가 없었다고 생각해 봅시다. 그럴때 '너무 재미 없었어. 정말 시간 낭비만 했어' 라고 투덜대는 사람 보다는 '그래 저사람도 아이디어를 생각 하느라 고생했어. 그런데로 괜찮은데'라고 하면서 웃어 넘기는 즐거운 쪽으로 생각할 수 있는 능력을 가진 사람이 좋은 것입니다.

무엇이든 좋은쪽으로 생각하려는 능력을 가진 사람이 가능성이 있고 운도 열리는 것입니다. 그러니까 모든 생각을 내게 마이너스가 된다는 생각보다는 플러스가 된다고 생각해 봅시다. 생각하는 습관을 조금 바꾸는 것만으로도 인생은 몇 배나 즐겁게 되는 것입니다.

기적을 부르는 남자

나는 생각한 것 느낀 것들을 그자리에서 바로 말해 버립니다. 그런데 그 생각과 느낀것들이 진짜 현실로 되어버린 일이 자주 있습니다.

예를 들면 '세상은 불경기라고 하는데, 올해 암웨이만은 크게 발전합니다', '웬지 기적이 일어날 것 같은 기분이 든다' 따위와 같은 것을 느닷없이 말해 버립니다. 그것이 또 적중하기도 하므로 다른사 람으로 터 '예지(豫知)능력이 있다'라는 말을 들으면 나자신도 정말 그런 것 같은 기분이 들기도 합니다.

내 친구 중에 전에 튜울립의 멤버였었던 자이츠 카즈오(財津和夫)씨가 있습니다.

전에 그를 만났을 때 '옛날의 곡이 히트할 것 같아요'라고만 한 적이 있었습니다. 왜냐고 물으면 설명할 수는 없습니다. 단지 그 때 그런 생각이 들었고 그 생각을 말로 표현한 것이라고밖에 말할 수 없습니다.

그때는 자이츠(財津)씨 자신도 '히트하면 좋겠지'라는 정도로 이야기 했습니다.

그러나 그 후 그의 곡이 후지 TV의 일일드라마 주제

곡에 사용되고 다이도의 캔커피 CM에 사용되기도 한것을 아시는 분은 많이 계시지요.

그리고 '그 사람은 지금 무얼하고 있을까, 건강할까?' 따위를 생각하고 있을 때, 전화벨이 울린다. '그 사람임에 틀림없어'라고 생각하고 급히 수화기를 들자 틀림없이 그 사람입니다. 이런 추측은 종종 있습니다.

그리고 이런 일도 있었습니다.

내가 아직 암웨이 비즈니스를 시작하기 전, 작곡가로서 겨우 궤도에 올라갔을 그 무렵의 일이었다고 생각됩니다.

내가 최초로 암웨이를 전했던 친구(그 당시는 암웨이 비즈니스가 있다는 것도 몰랐을 때입니다)와 같이 둘이서 술을 마시러 갔을 때의 일입니다.

어떤 얘기들인지 전부다 기억은 못하지만 내가 느닷없이 '지금은 작곡일을 하고 있지만 만약 내가 뭔가 사업을 시작하게 되면 절대 성공할 자신이 있다'고 한적이 있었습니다.

나중에 그에게 다시 들은 것에 의하면 술좌석이었던 탓도 있고 그 때 그는 내 말을 성실하게 듣고 있지 않았다고 합니다. 그러나 결국 그말대로 된 것입니다.

덧붙여서 나는 '나쁜 일이 일어난다'는 식으로는 상상하지 않습니다. 내가 상상하는 것은 '좋은 것' 뿐입니다.

그러므로 예지라던가, 예견이라기 보다는 '좋은 일이 일어난다. 일어나기 마련이다'라는 바램을 실현시키고 있다고 하는 편이 옳겠지요. 그리고 제가 상상했던 것처럼 그렇게 실현이 되었습니다.

결국 모든것을 좋은 쪽으로 생각하고 노력을 하다보면 그것이 생각하는대로 되어 버리는 것입니다. 지금까지의 내 인생은 그런 일의 반복이었던 것 같습니다.

강한 바램은 기적을 낳는다

10대 중반에서 20대에 걸쳐, 나는 고향인 시마네(島根)에서 세일즈를 하고 있었습니다. 어느날 야마하가 주최하는 아마츄어 음악가의 '팝, 콘테스트' 포스터를 보았습니다. 그때 '음, 이런 것이 있나'하고 뭔가가 마음이 끌리는 것이었습니다.

그해의 그랑프리는 그 후 대히트한 나까지마 미유끼씨의 '時代'였습니다. 나까지마 미유끼씨가 출전하는 '세계가요제'에는 엘튼존의 곡도 들어 있기 때문에 앨튼존의 팬이었던 나는 휴가를 얻어 대회장소로 향했습니다.

그 가요제에서도 나까지마 미유끼씨가 그랑프리를 차지해서 북해도 무명의 한 여성이 하룻밤 사이에 '화제의 인물'이 된 것입니다. 대회장소에서 나까지마 미유끼씨가 수상곡을 부르는 것을 들으면서 나는 오로지 '굉장하군'하며 감동하고 있었습니다.

감동을 한 때가 찬스입니다. '나도 해보고 싶다, 하면 되지 않을까'라고 생각한 나는 돌아오는 신간선 고속전철 속에서 한곡을 작곡해 버렸습니다.

나는 음악을 좋아했다고는 할 수 있지만 어릴 때 가족들이 모여 노래시합을 한다거나 누나들과 함께 노래한 적이 있다는 정도 였습니다.

피아노는 조금 쳤습니다만 기타도 칠 줄 모르고 작곡 따위의 수업은 받아 본 적이 없었습니다.

하지만 누구라도 한번쯤은 자신의 머리 속에서 제멋대로 멜로디를 만든다든가 하는 일은 있지요. 그래서 '아, 좋지 않아 이 멜로디'하고 생각해도 보통은 그것만으로 끝내지 어떻게도 하려고 하지 않습니다. 그러나 나는 신간선 속에서 곡이 머리에 떠올랐을 때 그것을 잊어버리지 않으려고 전철속에서 그것을 써 둔 것입니다. 오선지 따위의 것은 그 때 갖고 있지 않았지만, 우선 '도도레 미 미레도시 시라시라 솔…'하고 글로 써둔 것입니다.

그리고 집에 돌아온 후 오선지에 옮겨 써서 어디 한번 공모해 볼까 하고 생각한 것입니다. 보통 그런 콧노래로 만든 것을 콘테스트에 공모한다는 것은 생각도 못할 일이지만, 그런점이 다른 사람과 내가 조금 다른점 입니다.

그랑프리를 탈 수 있다고 미리 '예견'한 것입니다.

이것 또한 예지(豫知)나 예견은 아니고 그렇게 되고 싶다는 강한 희망이었는지 모릅니다.

앞에서 얘기한 것처럼 좋은 쪽으로 생각하고 있으면 그것이 적중하게 되는 것입니다.

다음해 팝·콘테스트에서 玉置浩二씨가 이끄는 '안전지대'등 다른 쟁쟁한 멤버들이 출전 했는데도 불구하고 신간선 속에서 적어 놓았던 그 곡이 그해의 그랑프리였습니다. 그리고 그 곡 'Good-bye-morning'은 세계 가요제에서도 그랑프리를 수상 하였습니다.

그런데 그때도 사람들은 내가 이곡으로 팝·콘테스트에 응모하겠다고 했더니 나를 아는 사람 모두가 '그런 일은 너무 무리야'라고 한결같이 말하였습니다.

그렇지만 내 머리 속에는 내가 이곡으로 그랑프리를 얻어 많은 관중 앞에서 연주하고 있는 모습이 떠올랐습니다.

그래서 나는 그 생각대로 따랐던 것입니다. 그리고 그 생각이 사실대로 이루어진 것입니다. 그 곡이 수상했던 당시에는 크게 히트하지 못하였지만 내가 작곡가로 활약할 수 있게 되었고 그후 내가 암웨이의 크라운 엠버서더가 된 후 후지 방송 계열사의 텔레비젼 드라마 '여자의 꿈' 주제곡으로 삽입돼 그 곡을 작곡한지 15년만에 히트하는 행운도 얻었습니다.

작곡가 시절 팝부터 연가에 이르기까지 여러가지 곡을 썼고 인지세로 꽤 많은 수입이 된 곡도 있었지만 'Good-bye-morning'이 15년만에 세상에 다시 나와 히트 하는데 실로 감개무량 했습니다.

처음 작품이라 그렇게 애착이 갔던 것 같습니다. 그리고 크라운 엠버서더로서 '저 노래 내가 작곡했는데, 들어봤어요?'라고 여기저기에 선전한 탓인지 유선방송에서는 그다지 흘러 나오지 않았는데 CD판매량은 30만장 판매라는 업계의 상식을 뒤엎는 대 히트곡이 되었던 것입니다.

'꼭 좋은 일이 생긴다. 어떤 일이 있어도 결코 포기하지 않는다'는 힘이 기적을 부른 것입니다. 포기하지 않는 그 힘이 강한 바램이 되고 그 바램은 기적처럼 내 앞에 나타나는 것입니다.

자신에게는 아직 뭔가 있다

팝·콘테스트에서 그랑프리를 타자, 난데없이 작곡 의뢰가 들어오게 되고, 나도 갈피를 못잡고 동경으로 가야되나 그렇지 않으면 여기 이대로 시마네(島根)에서 남아 세일즈를 하며 살아야만 하나 생각이 많았습니다.

그 당시도 그런대로 수입이 있고 일도 잘되고 있었고 친구들도 많이 있어 당시의 생활에 특별히 불만이 없었던 것입니다.

그러나 한편으로 내 머리속에서 끊임없이 아직 혼자이니까 '나는 할 수 있다. 나에게는 아직 뭔가 있다'라고 말하고 있는 소리가 나고 있었습니다. 그리고 그 소리는 날이 갈수록 커지는 것이었습니다.

나는 그 소리에 따를 것을 결심하고 트렁크 달랑 하나로 동경에 입성했습니다.

'어쨌든 해보지 않고서는 알 수 없는 것이다.'

위와같은 나의 판단이 시골 시마네(島根)의 무명의 세일즈맨이 작곡가로도 성공할 수 있었던 것입니다.

작곡 따위는 생각지도 않고, 악기점의 사원으로 피아노라든가, 전자올갠 등을 판매 하고 있을때부터 '나에게는 아직 뭔가 있지 않을까'라고 생각하고 있었습니다. 회사에도 세일즈 일에도 불만이 있었던 때문만도 아닌데 '내인생, 이것으로 좋은가 뭔가 틀리지 않은가'라는 느낌이 마음 어딘가에서 있었던 것입니다.

처음으로 만난 '뭔가'는 작곡이었습니다.

그러나 작곡가로서 먹고 살 수 있게 되어도 언제나 '아직 이밖에 뭔가 있는 것은 아닐까'라는 느낌이 들었습니다. '적재적소'라는 말이 있습니다.

세일즈도, 작곡도 나의 적소는 아니라는 느낌이 들었습니다.

그래서 나는 암웨이라는 적소를 발견했습니다. 그리고 뛰어들었습니다. '여기가 나의 적소다. 굉장한 것이 된다'라고 예지(豫知)한 것입니다.

인생은 게임이다.

내가 암웨이 세계에 뛰어 들었을 때 작곡가로서 나름대로 활약하고 있던 나까지마 가오루(中島薰)가 느닷없이 '미국의 세제를 판다'고 하니 주변 사람들 전부가 놀랐습니다.

지금까지의 지위라든가, 명예라든가 그밖의 모든 것을 전부 내팽개치는 듯한 것이었기 때문입니다.

인생은 곧잘 게임에 비유됩니다만, 나의 이 경우를 포카라고 한다면 들고 있던 카드를 느닷없이 전부 바꾸는 것과 같은 것입니다.

보통 사람이라면 조금의 상황을 본다든가 하겠지요. '원 페어가 되어 있기 때문에 우선 3개 바꿔서 쓰리페어가 잘 되어가면 트리플 카드를 겨냥해 보고 싶은 것처럼.' 말입니다.

그러나 그런 시시한 것은 내 성에 차지 않기 때문에 스트레이트 플래시를 겨냥하여 카드를 미리 다 바꿉니다.

나의 이런 갑작스런 행동들에 대해 '그렇게 하면 나중에 틀림없이 후회하게 된다'라고 진지하게 충고해 준 사람도 있었습니다.

지금의 일본 암웨이는 매출액 1,000억에 주식을 공개하고 있는 대기업이라고 하지만 당시만해도 '사람을 꿰어 돈을 모으는 피라미드 상법을 하는 암웨이'라는 선입

견이 있을 때입니다.

글을 쓴다는 저로서는 '암웨이와 요시다 상사와 벨기에 다이아몬드사와의 차이를 100자 이내로 설명하시오'라고 하면 당시는 능숙하게 설명할 수 없었습니다.

그렇지 않다해도 대부분의 사람이 뭔가를 하려 할때는 꼭 외부에서 다르게 말하는 사람이 있었습니다.

'나쁘다고 할 수는 없지만, 그런 것에는 손을 대지 않는 것이 좋아'라는 등 하면서 말입니다.

그러나 주변 사람들 따위는 어차피 떠들썩한 구경꾼들에 지나지 않습니다.

두점 차이로 이기고 있는 야구 시합에서 9회말 상대의 공격 2사후·3루상황, 4번 타자 등장, 고의로 걸리기 위하여 만루 작전을 펼치는 순간,

"핏쳐! 정면승부해"

하고 소리를 지르는 관객과 같은 것입니다.

예를 들어 핏쳐가 정면 승부한 결과 굿바이 홈런을 맞아, 게임종료가 되었다고 해서 다른 누가 책임을 져 줄 수는 없습니다.

'어째서 맞았는가, 그런 타자 누를 수 없어?'하고 관객들은 투덜투덜 대지만 자신은 누르기는 커녕 투수석에 선 것만으로도 마냥 위축될 것입니다.

그리고 틀림없이 이렇게 중얼댈 것입니다.

'그러니까 나는 프로 투수도 아니고 될려고도 생각하

지 않잖아'라고 말할것입니다.

요즘 세상에 주변사람들에게 신경을 써서 결코 이익이 있을까요?.

평생 주변사람들의 말만 따르면 대충 평온한 인생은 보낼 수 있을지 모릅니다. 그렇지만 제삼자는 어디까지나 제삼자입니다.

당신이 곤란할 때 제삼자는 힘이 되어 주느냐 하면 결코 그런 일은 없습니다.

'나는 주변사람들의 말을 따른 덕분에 이렇게 성공했다'라고 말하는 사람이 만약에 있다면 꼭 한번 뵙고 싶습니다.

내가 카드를 '모두 교체했을 때'도 여러가지 야유가 들렸습니다. 그래도 나는 '다음 카드는 굉장하니까, 재미있으니까'하고. 망설이지 않고 척척 카드를 바꿔버렸던 것입니다.

그래서 바꾼 카드가 로얄 스트레이트 플레시였던 까닭에 지금의 나는 크게 성공하여 라이프 스타일이 완전히 변했습니다. 그리고 그때 내게 투덜대던 모든 사람들이 내게 '암웨이를 가르쳐 달라'고 말하고 있습니다. 그런 사람들에게 내 인생을 맡겼다면 그 다음은 상상할 수 조차 없었을 것입니다.

덧붙여 말하면 내 가족들도 성격적으로 모두 닮아 있는지 나쁜 일은 절대로 생각하지 않습니다.

그리고 내 예지(豫知)능력을 믿고 있어서

"나까지마가 굉장하다고 하니까 틀림없어. 정말로 굉장해"

라면서 반대하기는 커녕 자신들도 '해봅시다'라고 말합니다. 그래서 내 두분 누님 그리고 그 남편들도 지금은 암웨이의 성공자로 명성을 얻고 있습니다.

부부가 함께하는 사업

현재는 고도 경제성장기 말, 지금까지 무아지경 속에서 일하던 사람들이 '이대로 좋은가'라든가 '정말로 삶의 보람은 무엇일까'라고 생각하기 시작했습니다.

'자신의 라이프스타일을 찾고 싶다'고 하는 사람도 늘어갔습니다.

회사에 들어와서도 선배들을 보면 자신의 10년 후, 20년 후의 모습이 훤히 보입니다. 어느 정도 일을 해서 어느 정도 수입이 있어도 회사를 위해 열심히 일해도 정년퇴직이 되면 그것으로 끝인 것입니다.

'꿈을 갖고 싶다, 꿈을 이루고 싶다'고 생각해도 그것은 한계가 있습니다. 그리고 최후에는 정년퇴직이 기다리고 있다고 하는 것입니다. 그렇다고 해서 처음부터 자신의 사업을 시작하기에는 자본이 필요하고 위험도 있습니다. 다른 사람보다 월등히 앞서지 않으면 안됩니다.

그런 것을 감지한 사람이 늘어갔습니다.

'전업주부로는 시시하다. 그렇지만 내가 뭘 할 수 있을까'라고 괴로워하고 있던 주부들도 '암웨이라면 한번 해보고 싶어'라고 바짝 다가섰습니다.

처음엔 '당신이 뭘 할 수 있겠어?'라고 말하던 남편들도 부인이 열심히 하여 남편보다 많은 수입을 올리게 되자 '그렇다면 나도'하고 들어오는 경우도 많았습니다. 부인이 자모회라든가, 모임등에서 쌓아 온 인맥에다가 남편이 일로 넓혀 온 인맥이 보태져 부부가 척척 실적을 올려가는 커플이 늘어갔습니다.

이렇게 되니 이웃의 부인도 단지 보고만 있을수는 없었겠지요. '남편은 같은 회사에 근무하고 같은 사택에 살고 있는데 저 집은 애들을 사립에 보내고, 해외여행을 가고, 이번에 집을 지어 사택을 나가는데…'

그래서 이웃집 부인도 암웨이에 들어와 그 남편도 들어왔다고 하는 것처럼 암웨이에는 부부가 함께하는 디스트리뷰터들이 많습니다. 높은 핀레벨에 있는 사람들은 대개 부부들입니다.

나처럼 혼자 하고 있는 것은 보기 드문 쪽이지요. 세계에서 독신인 크라운 엠베서더는 지금 나 혼자인 것입니다.

암웨이도 최초 성장기를 따라 여러가지 상품이 개발되

어 기회는 점점 넓어졌습니다.

그리고 그 디스트리뷰터들의 스폰서를 더듬어 올라가면 그 정점에 나까지마가 있었던 것입니다.

찬스의 여신이 미소짓는다

내가 암웨이를 알게 된 최초의 계기가 된 것은 아리마(有馬)씨라고 하는 한 여성이었습니다.

아리마(有馬)씨 또한, 굉장한 사람으로 디자이너인 야마모토 간자이(寬齊)씨의 비서를 지내기도 하고, TV리포터를 하기도 하고 또한 디자이너인 기구치 다케오(菊池武夫)씨 등과 함께 아오야마(青山)에서 일본 최초의 카페바인 'QS바'를 시작한 사람이기도 합니다.

아리마씨는 미인이고 영어도 능숙하고 당시의 캐리어우먼 선구자였다고 생각합니다. 그 아리마씨가 돌연 전화를 걸어와 '나까지마씨, 정말로 굉장한 비즈니스예요' 라고 크게 놀란 것입니다.

아리마씨가 이렇게 까지 말하는 것을 보면 정말로 굉장한 것일지도 모른다는 생각에 얘기를 들을 마음의 준비를 했습니다.

그래서 '미팅(설명회)이 있으니까 오라'고 말하자, 당시 나는 작곡가라는 어엿한 직업을 갖고 있었지만, 일정

표가 이따금 비어 있기도 해서 가겠다고 한 것입니다.

설명회장에 가 보고 기겁 할 정도로 놀랐습니다. 거기에는 40~50명의 사람이 모여 있었습니다만 그것이 모두 주부이고 남자는 나뿐. 한순간 '설명회장을 잘못 찾은 것은 아닐까'라고 생각되었지만 그곳은 역시 암웨이의 사업 설명회장이었고, 거기 있는 주부들은 모두 얘기를 듣기 위해 모인 사람들이었습니다.

'아리마씨는 굉장하다고 했는데 이것은 주부들이 틈틈이 하는 부업아닌가'라고 실망한 나는 곧 거절하고 돌아오려고 했습니다. 그렇지만 거절한다고 해도 주부투성이므로 돌아간다고 하는 것은 너무나 노골적인 거절방법이라는 생각이 들었습니다. 어차피 거절할거면 최후까지 얘기를 듣고 무엇이 싫은지, 무엇이 맘에 들지 않는다 하는 이유를 분명히 하지 않으면 실례라고 생각한 나는 결국 끝까지 거기에 있었던 것입니다.

그런데 그렇게 하고 있는 중에 시간이 지날수록 '이런 일이라면 아줌마들만이 하는 일이 아니잖아'라는 기분이 들어 설명회를 끝까지 다 들은 후 '정말 굉장하군. 재미있군'하면서 디스트리뷰터가 되는 서명을 하고 돌아 온 것입니다.

보통 사람이라면 설명회장이 여자들만인 것을 발견했을 때 '에이' 하며 돌아와 버렸을지도 모릅니다. 그렇지만 '할 수 없다'고 하려면 일단 전부 들어야만 했지요.

게다가 기본적으로 재미있을 것 같다는 것과 호기심이 강한 내 성격탓에 하나의 이유가 되어 그렇게 되어 버린 것입니다.

아마 아리마씨가 나에게 전화 한 것도 어쩌면 그때의 일을 간파하고 있었기 때문인지도 모릅니다만 적어도 암웨이라고 하는 것은 입에서 입으로 전해지는 사업이므로 수다쟁이인 남자에게 말해두면 OK라고 생각하고 있었는지도 모릅니다.

덧붙여 그 아리마씨는 다이아몬드 DD라는 암웨이에서는 꽤 상위의 핀레벨로 연수입 약 5,000만원 정도 번다고 생각합니다.

5년만에 뛰어 올라간 최고의 지위

암웨이에 있어서 나는 보통으로는 생각할 수 없는 초고속 성장을 한 사람이 되어 암웨이의 전설로 전해지고 있습니다.

시작해서 5년만에 크라운 엠베서더 DD인 최고지위라는 것은 보통의 회사로 말하면 연줄도 아무것도 없는 고졸 신입사원이 3년 만에 일류대를 졸업한 사람과 같을 정도의 간부가 되는것과 같다고 생각해도 좋을 것입니다.

지금 나의 네트워크(내가 Amway를 전한 사람)에는 해외를 포함해 45만명 정도의 디스트리뷰터가 있을 겁니다. 이것을 숫자로 하면 일본 암웨이의 전체 판매원의 30%이상에 해당된다고 합니다.

잡지나 신문 등의 취재에서 자주 '나까지마 씨의 네트워크는 몇 명입니까'라든가 '네트워크 전체에서 어느 정도의 수입이 있습니까'라는 질문을 받지만 내 자신은 그 수입을 정확히 알 수 없습니다.

숫자상으로 보면 그것만으로도 현기증나는 정도입니다만 나라고 해서 처음부터 그렇게 잘 되어 간 것은 아닙니다. 나의 최초 실적은 세제 3개였습니다. 그것도 친구가 기념으로 사준 것이었습니다.

그리고 친구, 아는 사람을 모아 데몬스트레이션이나 설명회가 매일 시작된 것입니다.

지금이야 암웨이 상품이 냄비로부터 악세사리, 화장품, 영양 보조식품 등을 합쳐 300 종류를 넘지만, 당시만해도 세제를 중심으로 해서 상품이 10종류 정도 밖에 되지 않았습니다.

설명회에서 암웨이의 씨스템을 설명하고 그 상품을 실제로 써 보게 하는 것이 데몬스트레이션입니다.

그러나 처음에는 내가 상품에 대한 지식이 어느정도 있는 것도 아니고 비즈니스 시스템을 완전히 이해하고 있었던 것 또한 아니었습니다.

'무작정 굉장한 비즈니스라고 하니까 한번 해봐'라고 하면서 상대하다 보면 뭐가 뭔지 모를 미팅이 되는 일도 종종 있었습니다.

그래도 친한 친구들은 '나까지마가 뭔가 좋다고 하니까 하여튼 들어주자'가 됩니다만, 그런 친구가 아니고 조금 아는 정도의 사람들은 속으로는 처음부터 '어쩐지 수상해, 속나 봐라'라고 하는 사람도 있었습니다.

암웨이에 한정되지 않고 소위 방문판매라고 불리우는 일에서 잘 되어가지 않았던 사람이 대개 거기서 주저 앉습니다.

'최선을 다해 말했는데도 들어주지 않는다. 사주지 않는다 그러니까……'라고 말하고 주저앉는 나까지마는 아닙니다.

'행동이 성공을 낳는다'고 말한 사람이 암웨이 창립자의 한사람인 리치디보스씨의 말이지만 정말이지 그대로입니다.

'아아, 잘되어 가지 않는다'라든가 '실패하면 어쩌지?' 따위의 생각을 해도 그거야말로 어쩔 수 없는 일이니까 나는 '절대 잘 되어간다'라고 믿으며 빨리 움직였습니다.

아침부터 밤까지 몇번이고 미팅을 소화했습니다. 전화도 많이 했습니다. 데몬스트레이션 연습도 했습니다. 또 상품 주문이 쇄도하자 택배편이 제 때 맞추지 못하게 되고 그래서 자신의 차로 돌아다니며 물건을 나르고, 지친

채 주차장에서 자버린 일도 있었습니다.

한번은 에메랄드 DD가 되었을 때의 일입니다. 점차 자신의 네트워크도 커져 다운라인 사람들의 미팅에 부탁받아 얼굴을 내미는 일도 많아져 갔습니다. 아마, 본인도 그것을 즐거워 했기 때문에 미팅도 즐거웠습니다만, 그런저런 일로 그때는 2시간 정도의 간격으로 사람을 만나는 것이 보통이었기 때문에 '어떻게 하면 밥을 빨리 먹을까'하는 것을 연구했던 적도 있습니다.

밥에 물을 말아 먹으니 한결 빨리 먹을 수 있었습니다. 그러나 나는 이런일들을 괴롭다고는 조금도 생각지 않았습니다. 거꾸로 이런 일이 너무나 즐겁고 어찌할 줄을 몰랐습니다.

'하면 한만큼'의 댓가가 있는 것이기 때문에 자신의 목표에 한걸음씩 다가가고 있는 것을 자신이 알게 되니까 더할나위 없이 기뻤고 그렇게 해서 나는 최고의 지위에까지 올라 온 것입니다. 그것이 다 '꿈'을 가지고 살아갔기 때문이지요.

'성공'이라는 비전이 있기에—

내가 이 자리에 오기까지 괴롭거나 힘든 일이 없었느냐 는 질문을 한번씩 받습니다.

하지만 나는 분명히 말합니다. 특별히 괴롭거나 힘든 일은 없었다고 말입니다.

좋아서 하는 일은 아무리 고된 일이라도 고되다는 생각이 들지 않기 때문입니다. 그렇기 때문에 다른 사람이 10년 걸려도 할 수 없을 것 같은 일을 나는 5년만에 이룰 수 있었던 것입니다.

그러나 결코 운이 좋아 그렇게 된것만은 아닙니다. 5년만에 다른사람 10년 간의 일을 한 것입니다.

그러므로 열중한 시간이 많았던 것은 확실합니다. 그러나 그것 역시 괴롭지 않았습니다. '육체적으로 힘들다'라고 생각된 적은 있지만 '정신적으로 힘들다'라는 것과는 전혀 별개의 것이었습니다. 다르다는 것이 이해됩니까.

예를 들면 전국대회를 목표로 매일 최선을 다해 연습하고 있는 고교야구선수는 '내가 고생하고 있구나'라고 생각할까요?

그렇지 않습니다. 다만, 그렇게 하지 않고는 출전할 수 없기 때문에 출전하고 싶은 마음 하나로 열심히 하는 것입니다. 어떤 일도 마찬가지입니다만 '이 정도가 아니면 안된다'라고 하는 선이 존재합니다.

체조선수도 그렇습니다. 대회에 나가 좋은 성적, 고득점을 올리고 싶다고 생각하면 난이도가 높은 기술에 도전한다든가, 새로운 기술을 고안해 낼 필요가 있겠지요. 그렇지만 그 모든 것은 전부가 스스로 그렇게 하려고 생각해서 하고 있기 때문에 어느 정도는 괴로운 일처럼 보여도 전혀 그렇지 않은 것입니다.

고생이란, 타인이 내게 시켜서 하게 되는 일은 전부가 고생처럼 느껴집니다. 그러므로 하고 있는 일의 내용이 문제가 아니라, 그 동기가 문제입니다. 지금은 억만장자가 되어 벤츠나 케딜락 등으로 대접 받을 수 있게 된 나지만, 이 비즈니스를 시작했을 당시만 해도 차가 없어서, 봉투에 세제를 넣어 전차를 타고 손님이 있는 곳에 내가 직접 가야만 했습니다.

제 삼자가 들으면 '아이구-'라고 하겠지만, 그리고 '그렇게까지 해서 비즈니스를 어떻게 해' 하고 생각하는 사람이 있을지도 모릅니다만 나는 특별히 창피하다라고 생각될 정도의 일을 했던 적이 없습니다.

언뜻 보기에 우아하게 연못위나 호수 위를 헤엄치고 있는 백조도 수면 밑에서는 필사적으로 두발로 물을 헤치고 있습니다. 나는 기본적으로 우아한 모습의 백조와 두발로 헤엄치는 백조를 세트라고 생각합니다.

때때로 이 우아한 모습을 주위에 보이고 싶어하는 사람이 있습니다만 나는 그런 것은 그다지 중요하다고 생각하지 않습니다. 어떤 일이라도 '아 그것이라면 나도 할 수 있을 것 같아'라고 하는 쪽이 우선이라고 생각하는 것입니다. '저 사람이니까 할 수 있어' '나에게 무리야'라고 하는 것은 생산성이 없는 이야기입니다.

그러므로 나는 자신이 한 일을 그대로 '나는 이런 이런 일을 이렇게 했다'고 사실만을 말합니다. 그리고 '그렇기 때문에, 무엇 때문에'라고 말하고 '이거 어쩌지'라고 하는 것은 없었습니다.

사실 10년간이나 이 사업에 종사해왔기에 여러가지 일들이 있었습니다. 그 중에는 성공하기 위해 내가 한일 외에 이 사업을 해서 즐거웠던 일, 사람과의 접촉중에 감동한 일도 당연히 있습니다.

그런 것들을 하나씩 생각하면 굉장히 많겠지요. 그러나 불행인지 다행인지 막상 생각해 내려고 하면 그다지 생각이 나질 않습니다. 이것을 한마디로 정리해서 말하자면 자동차를 운전하고 있을 때와 같은 것입니다.

운전하고 있을 때는 당연히 앞을 봅니다. 좌우도 주의합니다. 그리고 안전을 위해 때때로 백미러로 뒤도 봅니다. 그러나 역시 차는 기본적으로 앞으로 가는 것입니다. 그리고 사람의 걸음도 이것과 같은 것입니다.

나는 10년간 계속 달려 왔습니다. 계속 앞을 보고 왔습니다. 게다가 빨리 앞으로 나가고 싶어서 그 때문에 조급하게 굴다가 때때로 속도위반을 하거나 연료가 없음을 알아차리지 못하고 엔진고장을 일으킨 일도 있었지요. 그렇지만 그것도 지나가 버리면 다만 과거의 일입니다. 백미러에 비치는 풍경이 차가 전진하면 전진하는 만큼 작아져 이윽고 없어져 버리는 것과 같은 것입니다.

또 안전이 능숙한 사람은 목적지가 정해져 있으면 거기까지의 과정이 이미 머리속에 그려져 있습니다. '○○에 가려면 국도 △△호선을 통해 ××인터체인지에서 □□로 빠져서… 그렇게 하면 혼잡하지 않고 빠르지'라는 식으로 말입니다. 하지만 반대로 운전이 서투른 사람이라든가 면허를 금방 딴 사람은 목적지까지의 길이 그려지기는 커녕 일부러 혼잡한 길을 선택한다든지, 길을 헤맨다든지 '아아, 또 신호에 걸렸다'라고 곤란해 하게 됩니다.

카드 게임중의 하나인 쎄븐 브릿지라는 것을 아십니까. 나는 처음부터 올라갈 예정으로 그 게임에 참가하는 것입니다. 카드가 나누어지면 올라갈 예정인 사람은 '이제 간다'고 하겠지요. 올라가기 위해서는 '이 카드는 이렇게 해서 다른 카드를 기다려'하고 여러가지 작전을, 그것만 신이나서 세웁니다. 그렇지만 올라갈 비젼이 없는 사람은 나누어진 카드를 보고 '아, 이 카드로는 안돼, 도저히 올라갈 수 없어' 그러다 시작도 못한채 그만두게 되죠.

허나 내게 있어서는 '슬로우 다운'이나, 포기라는 전환 스위치는 없는 것 같습니다. 물론 '약해진다', '체념한다' 따위의 말도 모릅니다.

이 글을 읽고 있는 여러분도 성공이라는 비전에 확신을 갖고 거기에 다다르는 과정을 더욱더 즐거워해야 한다고 생각합니다.

실패는 성공의 향기가 난다

그렇지만 나도 실패를 한 경우가 수없이 많습니다. 다른 디스트리뷰터와 마찬가지로 내 경우도 '흥미없어 하는 사람에게 설명한다'고 하는 화술은 없습니다. 나처럼 남에게 거절당한 경험이 많은 사람도 드물 것입니다.

암웨이 사업은 사람과 사람과의 대화만으로 이루어지는 사업이므로 거절하는 사람이 있는 것도 당연합니다. 그러므로 사실 기죽을 이유가 전혀 없는데도 이런 상황에서 기죽어 버리는 사람은 '저사람은 자기자신을 위하여 내가 가르쳐 줬는데, 이런 훌륭한 사업을 모르니까 바보같은 사람이구나' 하면서 오늘의 만남을 '0'이나 마이너스로 해둡니다. 이런식으로는 자신의 네트워크가 넓어지지 않습니다.

나는 이렇게 거절 당할 때에 '거절하는 상대가 나쁘다'라는 생각은 눌러서 없앱니다. '자신의 어디가 나빴을까, 왜 거절 당했을까'라고 하나하나 되새겨 보는 것입니다.

거절당했다라는 사실을 탄식하기 보다는 자신이 왜 거절당했는가를 생각해 보는 것이 날 위하여 훨씬 건설적입니다. 얘기하는 방법에 문제가 있었을까, 분위기가 나빴을까, 상대의 건강 상태라든가 기분이 안 좋은 것을 알아차리지 못했나. 이렇게 자신의 실수, 결점을 검토한다는 것은 정말로 두통이 납니다. 그러나 이런 자기 점검을 소홀히 하게되면 몇번이고 같은 실수를 아무렇지 않게 반복하게 될 것입니다.

그러니까 처음의 자세가 가장 중요합니다. 그러므로써 실패하여 반성할 때마다 하나씩 하나씩 현명하게 되는 것입니다. 만약 암웨이 비즈니스를 시작할 기회를 찾고 있던 사람이나 남이 권유하는 것은 무엇이든지 하는 그러한 사람만 만난다고 하면 어찌될까요.

물론 그런 경우만 된다면 얼마나 좋겠습니까. 허나 성공하는 처음보다는 실패를 거듭 하였지만 결과적으로 성공된 사업을 가져 왔다면 이 실패야 말로 '성공의 향기'인 것입니다.

그러니까 성공의 비결은 순탄한 성공보다는 우선은 실패했지만 그 실패에서 얻어지는 향기로 더 큰 성공을 가져오는 것을 말합니다. 그러므로 'No'라고 하는 말은 나에게 있어서 'Yes'를 위한 최초의 한발짝의 언어입니다.

비즈니스라는 것은 자기자신이

암웨이 비즈니스는 '좋은 상품'을 소문으로 그러니까 사람에서 사람으로 전하여져 판매되는 시스템이다.

내가 이 비즈니스를 처음 알았을때, '이것은 American dream이다. 굉장한 일이 된다'고 야단법석을 떨고 곧바로 사인한 것도 내가 소문의 위력을 시마네(烏根)에서 악기 판매를 했던 때부터 실감하고 있었기 때문입니다.

그 때 나는 피아노와 전자올겐 판매를 하고 있었는데 당시는 피아노도 전자올겐도 아직까지는 사치품이었을 때입니다. 더구나 시마네(烏根)는 시골이고 그렇게 많이 손님이 있는 것도 아니었습니다. 거기서 판매의 실마리를 잡은 것이 곧 '소문'이었습니다. 그래서 학교를 찾아가 음악실을 찾고 거기서 음악 선생님과 친숙하게 되어, 선생님을 찾아 몇번을 다니다 보면 A라는 학생은 피아노를 갖고 싶어하고 B라는 학생은 올겐을 가지고 싶어 부모님께 조르고 있다는 그런 정보들이 커다란 힘 을 들이지 않고 내 귀까지 들어오게 됩니다.

그 덕택으로 이집 저집 돌아다니는 수고와 시간도 덜 수 있었습니다.

게다가 '선생님과 아는 사이라면 확실해'라는 신용까지 있었으니 도랑치고 가재 잡는 일석이조의 경우가 되는 것입니다.

그러나 그렇게 해서 성심성의껏 상대의 희망에 맞게 좋은 상품을 권하여 판매에 성공을 한 후 상품을 팔았다고 그냥 내버려 둔다면 어떻게 될까요?

상품을 팔았다는 것 그것은 이제 시작에 불과한 것이지요.

그 이후 피아노 상태는 어떻습니까. '지금쯤 조율할 때가 되었지요'라고 말하는 사후관리도 빠뜨리지 않아야 됩니다. 그래서 '그 세일즈맨 정말 친절해'라고 소문만 나면 손님이 손님을 소개해 주게 됩니다. 그러니 파는 것이 무엇이든지 간에 중요한 것은 결국 사람과 사람 사이에서 전해지는 '커뮤니케이션'입니다.

아무리 상품이 좋아도, 할인율이 높아도 '얘기하는게 기쁘지 않은 사람'이라든가, '웬지 모르게 신뢰할 수 없는 사람' 더 나아가 '두 번 다시 만나고 싶지 않은 사람'에게는 정보도 들어가지 않을 뿐더러 상품도 사려고 하지 않습니다.

그래서 나는 '판다'라고 하는 일은 물건만 파는 것이 아니고 자신을 함께 파는 것이라고 생각합니다. 이것이야말로 바로 암웨이 비즈니스의 핵심입니다. 암웨이 상품을 팔기위한 디스트리뷰터를 키워 나가, 그 디스트리뷰터가 또 다른 사람을 키워서 네트워크를 넓히는 일에 비즈니스의 성공여부가 있는 것이므로 자기 자신이 암웨이 상품을 사용하고, 그것이 좋음을 친구들에게 널리 알려 주는 것입니다.

그리고 자신의 네트워크를 넓히기 위해서는 어떤 판매이론 보다도 자기자신이 성공해서 '나도 저런식으로 해보고 싶다'고 다른 사람도 생각되게 하는 것이겠지요.

내가 암웨이를 전해서 '어떤 사람이 자신도 분발하여, 나까지마씨처럼 되고 싶다'고 생각한 사람은 암웨이의 디스트리뷰터가 될 것이다.

결국 상품은 암웨이를 해서 성공하고 있는 나까지마 자신의 라이프 스타일입니다.

판매라는 것이 결국 자신을 파는 일이라고 생각되던 나에게 있어서 암웨이 비즈니스는 '역시 최고'라는 것입니다.

꿈이 없는 사람에게 성공은 없다

'당신의 꿈은 무엇입니까?'라고 물으면 대부분의 사람은 '이 나이에 새삼스럽게 꿈이라니……'라고 말하면서 기껏해야 가족이나 회사로부터 해방되어 혼자서 한가롭게 있고 싶다 정도의 '꿈'을 말해 줍니다.

오늘 지금 당장 할 수 있는 가능한 일을 '꿈'이라고 한다면 나도 말문이 막힐지도 모릅니다.

그러나 '그럼 부자가 되고 싶어요'라든가, '노후에 오스트리아 근처의 넓은 정원이 있는 집에서 여유자적하게 지내고 싶군요', '자신의 대형 요트로 여기저기 돌아다니고 싶군요'라고 말하는 사람에게는 나는 반드시 권합니다. '그렇다면 꼭 한번 해보라고 틀림없이 할 수 있다'라고 말입니다.

'할 수 없다'라고 생각하는 사람은 모든일이 거의 불가능하지만 '틀림없이 가능하다'고 믿고 있는 사람은 꿈을 현실과 일치시킵니다.

꿈을 실현시키기 위해서라면 노력도 인내도 전부 즐거울 것입니다.

눈앞에서 당근이 왔다갔다 하고 있다면 고통따위는 잊고 꿈 속을 달릴 수 있습니다. 결과가 보이지 않는 일을 하는 것에는 용기가 필요합니다.

그리고 '실패하면 어떻게 하지?'라는 두려움이 앞설때,' 꿈은 이룰 수 있다'고 하는 확신을 가지고 있으면 한 두 번 실패하거나 넘어져도 꺾이지 않습니다.

'인간의 내면으로부터 샘솟는 강렬한 힘.'

꿈으로부터, 꿈에서부터 모든 것이 시작됩니다. 인간은 목표가 없으면 좀처럼 움직이려고 하지 않습니다. 그러나 목표가 있으면 그목표를 이루었을때의 성취감, 만족감을 얻을 수 있겠지요.

단지 돈이 필요하기 때문에 유명해지고 싶어서 그런 막연한 생각만으로는 꿈을 실현시킬 수 없습니다. 이렇게 되고 싶다. 이렇게 된다고 하는 강한 바램의 꿈이야말로 무한의 힘을 탄생시키는 것입니다.

우선 자신의 가능성을 믿는 것입니다. 자신을 갖는 것이 가능하면 다음은 자신의 꿈도 믿게 됩니다.

나는 '암웨이 비즈니스라면 American-dream의 실현이 가능하다'고 하는 꿈을 확신했습니다.

그리고 결과가 보이기 때문에 출입구에서 주저한다든가 하는 일 따위는 하지 않았습니다.

당신의 꿈은 무엇입니까?

암웨이의 디스트리뷰터들은 각자의 꿈을 가지고 있습니다. 그들에게 '당신의 꿈은 무엇입니까?'하고 물었을 때 '나의 꿈은 ○ ○입니다'라고 누구에게든지 딱 잘라 말할 수 있습니다. 그리고 오직 이 꿈은 실현시키고 싶어서 열심히 일합니다.

그러므로 그들은 만약 잘 되어가지 않을 때에도 끙끙 앓지 않습니다. 틀림없이 잘 되어 갈 것이다라고 믿고 있기 때문입니다.

'도대체 나는 왜 안되지?'하고 절망하거나 '이제부터 어떡하면 좋을까'하는 따위의 갈팡질팡하는 일도 없습니다.

예를 들면, 교통사고를 당해 오른쪽 다리를 절단했다고 가정 합시다. 그 때 당신은 '이제 왼쪽다리 밖에 없다'라고 절망하겠습니까, 그렇지 않으면 '아직 왼쪽 다리가 있으니까'라고 일어 서겠습니까.

암웨이 비즈니스를 하고 있는 사람이라면 틀림없이 일어설 것입니다. 왜냐하면 모든 것을 좋은쪽으로 생각하기 때문이죠. 암웨이의 디스트리뷰터중에는 몸이 불편함에도 불구하고 성공하여 상위 핀레벨을 갖고 있는 사람이 많이 있습니다.

'그 힘의 원천이 무엇인가' 생각해보면 그것은 역시 꿈입니다.

그들은 몸이 불편하다는 핸디캡이 있지만 보통의 건강한 사람과 마찬가지로 말할 수 있고 가능하면 그들에 지지 않으려고 열심이고, 보다 윤택한 생활을 하고 싶다고 생각하고 있습니다.

성공해서, 행복해지고 싶다는 꿈을 가지고 있습니다. 그러므로 핸디캡 따위에는 신경쓰지 않습니다. 거꾸로 그 핸디캡을 능력으로 바꿔 버립니다. 그렇게 하여 자신의 가능성을 점차 추구하고 있습니다.

내 그룹의 다운라인중에 어느 디스트리뷰터는 뇌성소아마비라는 병에 걸렸지만 그것에 지지 않고 엄마와 함께 열심히 노력하여 상위 핀레벨까지 올라온 것입니다.

그가 어떤 핀레벨을 달성했을 때, 대회에서 표창받고 단상에서 연설하게 되었습니다. '뇌성소아마비이므로—'라는 말 따위는 분명히 들을 수 없었습니다. 귀를 귀울여도 부분 부분 잘 이해되지 않는 부분이 있었습니다. 그러나 모두의 입에서 '축하합니다'라는 축복을 받으며 최선을 다해 연설하고 있는 그의 모습을 보고 있노라면 감히 누구도 뭐라고 말할 수 없었습니다.

말할 수 없는 뜨거운 기쁨이 느껴졌습니다.

연설 중에 그는 확실히 이런 것들을 말하고 있다는 생각이 들었습니다. '휠체어가 나를 움직이는 것은 결코 아닙니다. 내가 휠체어를 움직이고 있는 것이다.'

그리고 이 능력의 근원을 묻는다면 그저 머리가 숙여질 뿐입니다.

혹시 이런 재미있는 애기를 알고 있습니까?.

시베리아에 살고 있는 사람들에게 냉장고를 팔러 간 두사람의 판매원 애기말입니다. 시베리아의 기후는 냉장고 안 보다 차가워서 한 사람은 '이런 곳에서는 냉장고가 팔릴수가 없다'고 생각해서 체념하고 돌아왔습니다. 그러나 다른 한 사람은 '누구도 냉장고를 갖고 있지 않다. 여기라면 얼마든지 팔 수 있다'라고 생각하고 즉시 판매를 시작했습니다. 그래서 냉장고를 잘 팔 수 있었습니다. 물론 소박한 현지 사람을 속여 팔아치운 것은 더더욱 아닙니다.

식료품을 밖에 내놓으면 얼어버립니다. 그러나 난방이 들어오는 집안에 놔두면 썩어버립니다. 그렇다면 '냉장고에 넣어두는 편이 낫다'라는 이론으로 시베리아 이곳에는 냉장고가 필요하다고 강조했던 것입니다. '팔릴리가 없다'라고 생각한 사람은 '부정적인 쪽으로 생각하는 사람' '여기라면 팔 수 있다'고 생각하는 사람은 좋은 쪽으로 생각하는 사람입니다.

비단, 이런 생각들이 암웨이 비즈니스에서만 국한되는

것은 결코 아닙니다. 모든 일에 있어서 좋은 쪽으로 생각하는 것이 세상에서 성공하는 사람들만의 몫인 것입니다. 해보지도 않고 시작해 보기도 전에 '아무래도 안돼' 라고 체념하거나, 노력도 하지 않고 '정말 가능할까' '안되면 어떡하지'라고 불안해 합니다. 그래서는 안됩니다. 뭐든지 부정적으로 생각하는 사람은 될 수 있는 일도 안되게 됩니다. 그런 일을 참을 수 있습니까?

이럴 경우 뭐가 한심한가 하면, 아직 모르는 앞일에 불안을 갖는 것이 가장 한심합니다.

자신의 인생은 자신만의 것입니다. 꿈을 갖고 자신의 힘으로 어떤일을 완성해 가는 과정에서 약간의 근심이 없다면 어떤일도 할 수 없습니다.

당신에게는 꿈이 있습니까?

당신은 긍정적으로 생각하는 타입입니까?

그리고 당신은 꿈을 이룰 수 있다고 생각합니까?

그럼 지금 당장부터 하지 않으면 안되는 일이 많이 있을 것입니다.

그런 마음의 준비가 되었다면 꿈이 있는 곳에서 성공도 가능해 지니까 말입니다.

제 2 장

일을 놀이로, 놀이를 일로

My Success, My Amway

"한번 사용해 보지 않겠어요?"라는 한마디부터

암웨이 비즈니스에 관심이 없었던 사람은 여기까지 읽어 가지고 '결국 어떤 비즈니스를 하고 있는 것일까?' 라고 생각하실지도 모릅니다.

그러므로 우선 여기서 간단하게 암웨이 비즈니스라든가 그밖의 몇 가지 것들을 설명 하겠습니다.

다만 이 책은 암웨이를 소개하는 책이 아니므로 좀 더 상세한 것을 알고 싶다고 생각하는 사람은 암웨이에 대한 다른 책들이 많이 나와 있으므로 서점에 가서 마음에 드는 책을 구입하시기 바랍니다.

우선 암웨이란 어떤 회사인가를 간단히 소개드립니다. 나는 암웨이사의 직원이 아니므로 조직 내용이나 거래선, 주거래은행 등의 상세한 부분은 알지 못합니다.

만약 그런것을 자세하게 알고 싶은 분이 계시다면 일본의 암웨이사는 주식을 공개하고 있으므로 그 방면의 자료로 조사하면 간단히 알게 되리라 생각됩니다.

암웨이사의 본사는 미국의 미시간 주 에이다에 있고, 암웨이 코퍼레이션을 필두로 1993년 6월 현재 세계 29개국에 걸친 직접판매회사입니다. 내가 싸인한 일본 암웨이는 암웨이 코퍼레이션의 일본 지사와 같은 것입니다.

그밖에도 영국 암웨이, 프랑스 암웨이, 오스트리아 암웨이 등 여러 지사가 있지만 본사의 미국 암웨이와 거의 같은 정도의 실적을 올리고 있는 일본 암웨이는 세계의 전 암웨이를 하나의 가족이라고 볼 때 아버지의 오른팔로써 아버지의 의지가 되는 장남이라고 생각합니다.

일본 암웨이는 사단법인 일본방문판매협회(JDSA)에 가입되어 있고 또한 '직접 판매'라는 언어자체가 귀에 잘 익지 않은 탓에 여타의 다른 방문판매회사와 유사하다고 잘못 생각하기 쉽지만 그것은 다릅니다.

'어떻게 다른가'라는 질문에 대해서 나는 언제나 이렇게 대답합니다. 다른 방문판매는 모르는 사람의 집 문을 두드려 제품을 권하여 사게 하는 '도어 투 도어 세일'이라고 말입니다.

그러나 암웨이의 '다이렉트 세일링'은 아는 사람이나

사이좋은 사람에게 제품을 알려 그사람이 마음에 들면 직접 상품을 살 수 있는 사람대 사람의 비즈니스라고 생각합니다.

어떻습니까. 이런 뉘앙스의 차이가 이해되었다면 매우 기쁜일인데요.

일본 암웨이는 이런 직접 판매회사인 암웨이 코퍼레이션의 자회사로 1979년에 창립되었습니다.

창립 이래로 13년간 계속 수입이 늘고, 이익도 계속되고 있는 훌륭한 회사입니다.

특히 최근 몇년간 암웨이는 부쩍부쩍 신장하고 있습니다.

예를 들면 1993년도 외자계(外資係)의 기업중에 일본 암웨이는 제2위로 랭킹되어 있습니다. 1992년에는 3위였으므로 한계단 올라간 것입니다.

덧붙여 말해, 1위는 일본의 코카콜라입니다. 작년에 2위였는데 작년 1위였던 일본 암웨이의 6위 전락으로 인해 Top이 되었습니다.

이것은 어떤 순위인가 하면, 큰 회사의 순서입니다.

크다고 하는 것은 무엇으로 정하는가 하면 대지면적도 아니고 빌딩의 크기도 아닙니다. 소득신고 금액입니다. 결국 돈을 번 순서입니다. 이것은 5년 전을 회고해 보면 암웨이는 역시 서열밖이었습니다.

그런데 '어떻게 그렇게'라는 느낌이 들 정도로 부쩍부

쩍 성장해 온 것을 알 수 있습니다.

이런 서열이 얼마나 굉장한 것인가를 좀 더 알기 쉽게 예를 들어 설명하자면 여러분이 잘 아시는 일본 맥도날드는 20위, 샤넬은 15위 입니다.

어떻습니까 조금 놀랐지요?

암웨이가 이 정도로 신장된 이유는 영어에서 말하는 '3P'를 모두 갖추고 있기 때문입니다.

그것이 바로 people(사람), products(제품), plan(계획)의 3가지 입니다. 우선 사람입니다만, 이것은 1993년 6월 현재 20만을 넘었습니다.

열의가 있는 디스트리뷰터의 활약을 말한 것입니다.

1장에서 잠시 말했지만, 우리들은 '디스트리뷰터'로서, 일본 암웨이와 계약하고 있습니다.

그러니까 먼저 암웨이사와 계약을 체결한 디스트리뷰터가 '스폰서'가 되어, 암웨이 비즈니스를 소개해 줍니다. 그러면 '자신도 암웨이사에서 일해 보고 싶다'고 생각되면 계약을 체결합니다. 이것이 싫다고 일본 암웨이의 본사에 몰려가서 '나는 암웨이 비즈니스를 하고 싶다'라고 해도 가입할 수 없습니다.

회사는 '스폰서는 누구입니까'라고 물어옵니다.

그러니까 계약은 암웨이의 사원으로서가 아니라 어디까지나 개인사업주로서 체결됩니다. 그리고 암웨이 코퍼레이션에서 연구, 개발, 생산한 고품질의 가정용품이나 화장품, 악세사리, 영양보조식품, 식료품 등을 직접 개인인 고객에게 판매합니다.

사업주가 된다해도 '자본금'은 부가세를 포함하여 8,240엔 뿐입니다. 이것마저도 그만둘때는 되돌려 받을 수 있습니다.

싸인하면 우선 '스타터키트'가 도착합니다. 여기에는 비즈니스 매뉴얼과 암웨이사의 상품카다로그, 자격취득 신청서 등이 들어 있습니다.

이 신청서에 싸인하여 암웨이 본사로부터 승인이 되면 ID카드가 발송되어 옵니다.

이것을 받은 후부터 당신의 본격적인 암웨이 비즈니스가 시작됩니다. 그렇다고 하여 뛰어다니며 가가호호 판매를 하는 것은 아닙니다. 게다가 길거리에서 판매하는 따위는 당치도 않습니다. 그런 자기하락이 되는 일은 절대 허용되지 않습니다.

'이런거 알고 있어? 굉장히 좋아요. 이렇게 좋은데 사용해 보지 않겠어요?'라고 친구나 아는 사람에게 알려주는 것입니다.

'물건을 파는 것은 좋아하지 않는다'라고 생각하는 사람도 좋은 물건 알리는 것은 그리 어려운 것이 아니지요. '파는 것'이 아니고 '전하는' 것이므로 말입니다. '이 책 정말 재미있어요. 한번 읽어보지 않겠어요?'라는 것과 같은 것입니다.

물론 이것이 엉터리 제품이라면 소개할 기분이 나지도 않고 소개해서도 안됩니다. 어딘가 피라미드 상법과 같이 친구에게 팔아 치워서 친구를 잃어 버리는 따위의 괴로운 일은 없어야 하니까 말입니다.

그러니까 그럴 염려는 전혀 없습니다.

3P의 두번째에 해당하는 제품에서 암웨이의 제품은 '아!, 정말 좋아요'라고 암웨이 제품을 써 본 사람이라면 그렇게 생각할 것이기 때문입니다. 그 증거로 미국에서는 제품을 반복하여 구매하는 률이 암웨이사 제품이 1위입니다.

이것은 결국 암웨이제품은 한번 써 본 사람이 '다시 한번 더 사용해 보겠다' '계속 사용해 보겠다'라고 생각하는 경우가 많다는 것입니다.

그렇기 때문에 당신이 최초로 제품을 권유한 친구와 또다른 아는 사람은 이미 '고정손님'이 되는 것이고 디스트리뷰터는 대부분의 제품을 디스트리뷰터 가격으로 하여 표준소매 가격의 약 70% 정도로 살 수 있기 때문에 몇몇의 고정고객을 확보하면 그것으로도 약간의 싸이드 비즈니스가 가능하게 됩니다.

누구에게나 성공의 기회는 있다

그런데 고정고객에게 제품을 파는 것도 좋지만 그것만으로는 '아메리칸드림'은 실현될 수 없습니다.

'당신도 나같은 디스트리뷰터가 되지 않겠습니까?'라고 함께 일하자고 권유하는 스폰서가 된다면 이때부터 실로 큰 사업이 시작되는 것입니다.

이제 3P 가운데 세번째인, 암웨이사의 마케팅 플랜이라는 굉장한 부분입니다. 어떤 것인가 하면 결국 제품을 파는 일보다 새로운 디스트리뷰터의 스폰서가 되어 당신만의 노하우를 가르쳐서 디스트리뷰터를 키운다는 점에 이 비즈니스의 포인트가 있습니다.

그렇다고 제품은 하나도 팔지 않고 스폰서 활동에 전념하면 좋다고 생각해서는 곤란합니다. 제품을 판매하는 일도 디스트리뷰터를 권유하여 교육하는 것도 두가지다 마찬가지로 중요합니다. 많은 사람에게 권유하는 것만으로는 내게 돌아오는 이익을 볼 수 있는 씨스템은 결코 아닙니다. 그렇다면 빨리 들어 오는 쪽이 매리트가 있다고 생각 되겠지요. 그러나 암웨이는 나중에 들어 온 사람에게도 마찬가지로 기회가 있습니다.

예를 들면 먼저 들어 온 사람도 나중에 들어 온 사람도 구입가격은 같습니다.

또한 많이 사도, 하나밖에 사지 않아도 같은 가격입니

다.

이제부터 암웨이에 들어 오는 사람도 나와 같은 조건으로 상품을 팔수 있게 되는 것입니다.

그리고 누구에게도 마찬가지로 '자유'가 있습니다. 자신이 좋은 시간에 비즈니스를 하는 것입니다.

책임량이나 할당량 따위는 전혀 없고, 자신의 노력이나 목표를 자신이 정할 수 있는 것입니다.

자신이 가장 원하는 곳에서 비즈니스가 가능합니다.

나는 암웨이에서 가르칠려고 생각한 것을 가르치고, 말하려고 생각한 것을 말하고, 할려고 생각한 것을 합니다. 그런면에서 누구에게도 어떠한 것도 저촉받지 않으므로 나는 자유롭게 느긋하게 발전할 수 있습니다. 그리고 사규에도 회사로서 갖추어야할 기본적인 법 이외에 내 행동에 대해 이래라 저래라 하는 것이 일체 없습니다. 이런것들이 내게 맞는 점입니다.

게다가 구입한 제품이 남으면 언제라도 반품이 가능하므로 자금도 필요없고 재고를 책임질 걱정도 없습니다. 그러므로 처음부터 제품을 그렇게 많이 구입할 필요도 없습니다. 그래서 자본이 있는 사람도 없는 사람도 같은 위치로부터 출발 할 수 있다는 것입니다.

그리고 싫으면 언제라도 그만둘 수 있고, 그때는 들어올 때 지불한 8,240엔도 되돌려 받습니다.

실패는 없다

개인사업주로서 계약해 일하는 사람들로는 프로야구나 축구선수의 연봉시스템 같은 것들이 있습니다.

그러나 프로 스포츠 선수는 하면 한만큼 되돌아 오는 경우도 있지만 우승을 결정짓는 시합에서 활약하지 못했거나, 기대만큼 부응하지 못했을때, 수뇌부들을 비판했을 경우등 여러가지 이유로 인해 마이너스 연봉을 받을 때도 있을 것입니다.

그렇지만 암웨이 비즈니스에서는 마이너스 연봉이란 없습니다. 제로 상태이거나 플러스의 경우만 있습니다. 그리고 제로는 제로일 뿐입니다. 제로이므로 이렇다, 저렇다 하는 일은 없습니다. 여타의 다른 회사라면 플러스만을 추구하겠지만 암웨이는 조금 다릅니다.

며칠 걸려서 100명을 모집했는데 잘 되지 않아 5명밖에 sign-up(암웨이사의 디스트리뷰터가 되는 계약)을 해주지 않았을 때도 있습니다.

이와 같은 경우가 다른회사에서 판매활동을 하고 있는 사람이라면 '월급을 받으면서 무엇을 하고 있는가'라고 상사에게 꾸중을 들어, 고가점수에 마이너스가 되기 쉽상입니다. 그러나 암웨이라면 100명을 데려오건, 5명을 데려오건 결과는 5명만큼의 플러스만 있습니다. 그러니 암웨이사에는 플러스점수 뿐입니다.

기본급도 고정급도 없으므로 그만큼 엄격하다고 말할 수도 있지만 업적이 올라가지 않아 주눅든다든가, 주위의 눈치를 살피지 않고 지낸다는 그것만으로도 충분히 좋은 사업이라고 생각합니다.

점포가 없으므로 가격을 낮출 수 있다

일본 암웨이는 일본 코가콜라에 이어 제2위의 외자계(外資係) 기업이라고 앞장에서 조금전에 말을 한바가 있습니다.

제1위 서열인 일본 코가콜라와 서열 6위인 일본 IBM은 누구라도 다알고 있는 대기업입니다. 그렇지만 '암웨이'라고 말하면 '뭐, 암웨이?, 그게 뭐야?'라고 하는 사람도 많을 것입니다. 그 이유인즉, 암웨이제품은 직접 판매라는 유통과정을 통해 팔기 때문에 보통의 경우처럼 가게나 슈퍼, 종합매장에서는 팔지 않기 때문입니다. 왜 그렇게 하냐고 이상하게 생각하는 사람도 있겠지요.

'좋은 제품이라면 어째서 당당하게 가게에서 팔지 않는가'하고 말입니다.

그것은 당연한 의견이고 지적입니다. 그렇지만 가게에 두지 않고 직접 디스트리뷰터가 판매하는 것이 사는 사람도 파는 회사도 이익이 됩니다.

그리고 그것이야말로 암웨이사의 이익과 그 이익을 디스트리뷰터에게로 환원하는 비밀이 되는 것입니다.

어떻게 이익이 되냐 하면 우선 대리점을 통하지 않으므로 유통 비용이 들지 않습니다. 유통관계의 일을 하시고 계시는 분은 잘 아시겠지만 대부분 일본의 유통구조라는 것이 너무도 복잡 합니다.

우선 생산자로부터 상사로 가서 다음에 대리점에 가고, 또 도매상을 거쳐, 거기에서 소매점으로 옮겨져 그곳에서 그제서야 결국 소비자인 우리들의 손에 들어오게 됩니다. 이것이 현재 일본의 표준 유통형태입니다.

그렇지만 1959년에 암웨이의 창립자인 리챠드 M. 디보스와 제이 밴 앤델이 생각한 것은 이것과는 전혀 다른 형태의 유통과정이었습니다.

두 사람이 생각한 것 중 첫번째가 뛰어난 품질의 일용품을 만들어 보고 싶다는 것이었고 그것을 복잡한 유통과정을 거치지 않고 어떻게 판매하느냐 하는 것이었습니다. 그에 따라 디스트리뷰터는 대리점 역할로서 암웨이와 직접 거래를 계속하면서도 점포를 가질 필요도 없고 게다가 좋은 제품이 도매가격으로 내손에 들어 옵니다. 그리고 그것을 소매하여 이익을 내는 일도 할 수 있다는 훌륭한 일이 이루어지게 된 것입니다.

디스트리뷰터에게는 얼마만큼 팔지 않으면 안된다고 하는 규정은 전혀 없습니다. 그러므로 주문서를 보고 마음에 드는 제품이 있으면 암웨이사에 주문하면 되는 것입니다. 그리고 그 주문은 하나라도 괜찮고 2개라도, 3개라도, 상관이 없는 것입니다.

또한 암웨이는 암웨이 나름대로 중간유통 과정을 과감히 생략하는 것에 의해 큰 이익을 얻는 것이 가능해졌습니다.

보통 지금의 일본 유통형태에서 암웨이처럼 이익을 낸다는 것은 우선 불가능합니다. 그러나 직접 판매 시스템이라면 그것이 가능합니다.

덕택에 암웨이는 이익율에서는 도요타에 이어 2위라는 훌륭한 성적을 올리고 있습니다. 암웨이의 훌륭한 점은 번 돈을 전부 그대로 혼자 차지하지 않고, 디스트리뷰터의 보너스에 나누고 사회사업에 기부하기도 합니다.

그리고 또하나 암웨이에서는 디스트리뷰터에 의한 소문이나 데몬스트레이션이 곧 '광고'이므로 불필요하게 광고비 돈을 쓸 필요가 없으므로 그만큼의 가격인하에 도움이 되고 있는 것입니다.

TV나 잡지 등에 광고료를 제일 많이 쓰고 있는 것은 가정용품을 생산하는 회사라고 하는데 암웨이는 그럴 필요가 없습니다.

어쨌든 암웨이의 이런 기업철학과 이념은 물론 제품의 훌륭함에 실로 감동을 받게 됩니다. 그리고 이런 생각을 창안해서 완성시킨 창립자이신 두분을 매우 존경합니다.

종종 다른 사람들로부터 '암웨이의 시스템을 배워, 나까지마씨도 그런 회사를 만들어 독립하면 어떻습니까?'라는 말을 듣습니다.

물론 나쁜 생각은 아닙니다. 그러나 내가 그일을 하는 것은 분명히 말해 귀찮고 그다지 메리트도 없다는 생각이 듭니다.

대체로 창립자라고 하는 것은 결국엔 위험부담률도 있다는 것입니다. 어떤 경우도 내가 그런 위험률을 짊어질 이유도, 필요도 없겠지요.

암웨이의 시스템이 이렇게 편리하고 게다가 암웨이의 제품보다 더 좋은 물건을 만들 자신이 지금으로는 없습니다. 아무리 나까지마라 하여도 망설여집니다.

나는 리챠드 M. 디보스와 제이 밴 앤델 두사람이 창설한 암웨이 시스템이 너무 좋아서 지금은 어떤 불편도 느끼지 못하고 있습니다.

만남으로부터 시작되는 네트워크

디스트리뷰터를 위한 안내서나 교육시스템이 여러가지 있지만 소매활동, 스폰서 활동의 기본이 되는 것은 '미팅'입니다.

그것도 자택 등을 회의장소로 하여 소수를 위한 개인

적인 미팅을 자주 열어야 합니다.

이 미팅에서는 제품의 설명을 하기도 하고, 판매계획(전략)을 설명 하기도 하고, 그룹의 디스트리뷰터를 격려하기도 하고, 또 서로가 정보교환을 한다든가하여 참으로 더불어 사는 분위기를 창출하여야 합니다.

이런 작은 모임이 점점 커져 몇만 명의 네트워크로 넓혀져 갑니다.

나중에 자세히 설명하겠지만 보너스 시스템 하나를 봐도 알 수 있듯이 암웨이의 마케팅 플랜에서는 자기 혼자만 열심히 한다고 하여 큰 성공은 거둘수 없습니다.

또, 암웨이 마케팅은 나자신만 성공하려 해도 안되는 마케팅입니다. 자신의 그룹, 자신의 네트워크가 모두 '성공'을 해야만 되는 것입니다.

그리고 작은 미팅으로부터 큰모임에 이르기까지 디스트리뷰터 모두의 화합을 꾀하여 모두 함께 분발하자라고 격려하기 위한 모임이 바로 미팅인 것입니다.

물론 모두가 똑같은 꿈을 실현시킨다고 하는 것은 아닙니다. 암웨이 사업을 하면 곧 돈을 번다고 하더라는 마음을 먹어서도 곤란합니다.

노력한 만큼 꿈을 이루는 사람도 있지만, 단지 꿈으로 끝나버리는 사람도 많이 있으니까 말입니다.

암웨이의 디스트리뷰터에는 직장여성이나 주부, 대기업 출신의 샐러리맨, 운동코치, 창작활동을 하는 사람,

예술가, 엔지니어, 교사 등 이제까지 상품판매 따위는 한 적이 없다고 하는 아마추어가 많이 있습니다.

원래 '자기자신의 사업으로 성공하고 싶다는 모든 사람에게 그 기회를 제공하고 싶다'고 하는 것이 리챠드 M. 디보스 제이밴앤델의 암웨이 창업동기입니다.

그러므로 재산도 경력도 연줄도 없는 아마추어일수록 대환영입니다. 그런 아마추어에게도 가능한 시스템과 제품을 많이 준비하고 있고 또 '정보수집'이나 '소비자 써비스'등 아마추어가 할 수 없는 일은 암웨이에서 해결해 줍니다.

이런 편리한 점이 내가 암웨이를 좋아하는 또 하나의 이유인 것입니다.

'누구라도 할 수 있는 비즈니스'.

그러니까 암웨이의 매력은 말하자면 그런 아마추어 가운데 있는지도 모릅니다. 자신이 좋다고 생각한 일이므로 소중한 친구나 가족에게만 전한다고 하는 참으로 순수하고 소박한 비즈니스인 것입니다.

노리스크·하이리턴

엄격히 말해서, 암웨이 비즈니스를 한다고 누구든지 성공자가 되는 것은 아닙니다. 적어도 실패할 확률이 적다는 것입니다.

그러므로 암웨이에서는 '반드시 열심히 합시다'라고 해도 좋고 '조금만 해볼까?'라고 생각해도 상관하지 않습니다.

그리고 다른 비즈니스를 하기 위한 훈련이라고 생각해도 무방합니다. 회사에 적을 둔 여사무원이나 비즈니스맨이 디스트리뷰터가 되었을 경우 어느 누구도 '회사의 일은 그만두는 것이 좋다' 따위의 말은 하지 않을 것입니다.

아무리 '위험이 없다' '파는 것보다는 가르치는 일이다. 단지 전하기만 하면된다'라고 해도 역시 팔지 않거나 친구가 들어와 주지 않으면 '나는 할 수 없다'라고 생각할지 모릅니다.

그런 생각이 들면 그만둬도 좋습니다. 그러나 뭔가에 투자하거나 다방이나 뷰티크를 내서 사업에 실패한다는 것과는 달라 빚을 지지는 않습니다. 그러므로 한번 그만두고 나갔다가 또다시 들어오는 사람이 많은 것 또한 암웨이 비즈니스입니다.

1959년 미국에서 창업된 암웨이는 1992년 8월말 현재 전 세계적으로 200만 명 이상의 디스트리뷰터가 있고 39억달러의 소매이익이 있습니다.

만일 이 비즈니스가 위험부담이 높다든가, 뭔가 수상한 점이 있다든지 해서 유쾌하지 않은 일이었다면 이 정도의 성과는 결코 없었을 것입니다. 특히 암웨이에서 생산되는 제품은 정말로 좋습니다.

일반인들은 TV의 광고방송이나 잡지의 광고등을 보고 이번엔 이런 물건이 나왔다, 저런 물건이 나왔다고 그때마다 여러가지 새로운 물건을 사용해 보고 싶다고 생각합니다. 그러나 암웨이의 제품을 한번이라도 사용해본 사람은 다음번에도 역시 암웨이의 제품을 사용할 것이라고 생각합니다.

그것은 암웨이의 제품이 역시 고품질임을 말해 주는 것입니다.

그리고 또 물건을 사용하는 사람 즉 소비자의 입장에서서 생각하고 만들기 때문입니다. 소비자나 디스트리뷰터(디스트리뷰터가 동시에 소비자다)의 소리를 잘 듣고 연구와 개량을 반복하고 있으므로 언제나 고품질이면서 사용하기에 편리한 제품이 공급되는 것입니다.

이런 자세에 기업가의 양심이 나타난다고 생각하는 것은 우리회사를 편드는 일일까요?

그렇지만 어떤 형태로든 기업의 이념을 검토한다는 것은 소비자에 있어서는 매우 중요한 일이라고 나는 생각합니다. 이렇게 입으로 아무리 좋다고 한들 무슨 소용있겠습니까?

현재 암웨이의 제품 종류는 일본에서는 약 300종, 지금까지 계속 증가하고 있죠. 그리고 제품 종류가 암웨이의 본국 미국에서는 이미 7,000 종류를 넘어 이미 그 양이 거의 백화점 한 채 분량입니다.

이런 고품질의 제품이 점포를 가질 필요없이 도매 가격으로 구입할 수 있다는 것은 좀체로 믿을 수 없었기 때문에 나는 처음부터 집요하다 할 정도로 '고품질을 유지하는 비결은 무엇인가?'라고 물었습니다.

암웨이의 제품 모두는 다른 타사의 제품과 언제라도 비교할 수 있습니다. 비교할때 마다 누구라도 인정할 정도로 제품의 품질은 확실히 우수합니다. 그래서 실제로 데몬스트레이션을 본 사람은 암웨이의 제품을 갖고 싶다고 생각합니다.

그리고 만의 하나 아니 억의 하나 사용해 보고 마음에 들지 않았다면 참지 말고 반품하면 됩니다. 암웨이의 제품은 일부 품목을 제외하고 거의 100%가 현금으로 이루어지는 거래이기 때문에 만약 암웨이의 제품이 고품질이 아니었다고 한다면 어떻게 될까요. 보통의 세제나 화장품을 '팔지 않겠습니까? 다른 사람에게 알리지 않겠습니까?'라고 아무리 말해도 누구하나 거들떠 보지 않겠지요.

예를 들어 도매가격에 사들여 소매하여 월 2만엔이나 3만엔을 벌 수 있다해도 모두 귀찮아서 거절했을 것입니다. 그리고 나자신부터도 제대로 된 본업이 있는데 그 번거로운 것은 싫었을 것입니다.

비즈니스를 넘은 비즈니스

'자신이 어디까지의 지위에 도달할까?'라는 목표는 자신이 정할 수 있습니다. '크라운 엠버서더-DD가 되겠다'라든가 '연수입 00만엔이 된다'라도 좋고 주부나 여사무원일 경우 '자신의 용돈 정도'를 생각할 수도 있을 것입니다.

한사람 한사람이 제각기 꿈의 실현을 위하여 자신의 시간, 지식, 체력을 사용하면 좋을 것입니다. '때때로 부모를 온천에라도 데려가고 싶기 때문에'라고 시작한 사람이 '벤츠를 사고 싶다'는 사람과 경쟁할 필요는 없으니까요.

암웨이는 자신을 위한 비즈니스입니다. 암웨이를 위하여 사업하는 것은 물론 아닙니다.

대개 물건을 파는 사람은 좋지도 않은 물건이나 자신은 쓰지도 않는 물건을 생활 때문에 판다고 하는 사람이 많지요. '당신은 그것이 좋아서 마음에 들어서 팔고 있습니까?' '아니, 나는 여기의 담당자에게 고용되었기 때문에' 그렇다면 슬프다고 생각되지 않습니까? 대개, 자신이 마음에 들지 않는 것을 남에게 소개한다고 하는 것 만큼 무의미한 일도 없을 것입니다.

암웨이의 사람들은 어디까지나 자신이 써서 좋은 물건을 자신이 맘에 든 것을 다른사람에게 알려줍니다. 그래서 자신은 물건을 팔고 있다는 생각을 하지 않습니다.

실제 인간은 기본적으로 '판다'고 하는 것에 저항이 있어 웬지 싫은 것입니다.

그러나 자신이 맘에 드는 것, 귀중하게 생각하는 것을 남에게 '알리는' 것은 할 수 있습니다. 이런 뉘앙스의 차이…… 아시겠지요?

'얼마전에 ○○라는 케이크 가게에서 산 ○○라는 케이크가 너무 맛있었어. 기회가 있으면 꼭 한번 먹어봐'라고 알고 있는 사람에게 말할 수 있을 것입니다.

이것과 같은 것입니다. 그러므로 암웨이의 사람들은 '물건을 판다'고 하는 개념을 갖고 있지 않습니다. 또한 '꼭, 다음 핀을 달성하겠다'고 열심인 사람도 '내 페이스로 간다'고 하는 사람도 제각기 자신의 꿈을 이루기 위한 '동료'이고 서로 적대시하거나 필요 이상으로 경쟁하는 일도 없습니다.

디스트리뷰터들은 자주 '노는 것이 일하는 것'이라고 말합니다. 예를 들면 테니스 서클에서 알고 지내는 친구들과 함께 테니스를 즐기면서도 비즈니스가 가능합니다. 또 술친구들과도 비즈니스가 가능합니다. 암웨이로 생활에 여유가 생겨 놀러 나가면 그쪽에서도 또한 비즈니스가 가능합니다. 어디든지 비즈니스 기회가 있고 어떤 자리나 어떤 미팅에서도 동료들의 파티와 같은 것입니다.

수입이야 어찌되었든 '여러사람과 친구가 되는 것이 기쁘다'라고 말하는 사람도 있습니다. 어디까지가 일이고, 어디까지가 놀이인가? 경계선은 없습니다. 그러므로 회사가 끝나고 한잔 마시면서도 비즈니스가 되고, 휴일에 골프를 치면서도 비즈니스가 됩니다. 잔업으로 피곤하므로 아르바이트 따위는 할 수 없다라든가, 모처럼의 휴일에 일 따위는 하고 싶지 않다라고 생각하던 사람도 무리없이 비즈니스가 가능하다고 하는 것입니다.

인터내셔널 비즈니스

디스트리뷰터가 다운라인의 디스트리뷰터를 키워서 네트워크를 넓혀가면 '그 확장에는 한계가 있는 것은 아닐까?'라고도 생각할 수 있습니다.

세계 인구에 한계가 있는 이상, 이론적으로는 한계에 다다르게 되는 것인지도 모릅니다. 그러나 매일매일 새로운 생명이 태어나고 있으므로 자신이 세계에서 최후의 디스트리뷰터가 되어 제품을 파는 일은 없겠지요. 그런 탁상공론의 계산은 그만두고 지금 암웨이 비즈니스는 먼저 얘기한 것처럼 세계 29개국(1993. 6월현재)에 진출하여 세계속의 암웨이로 넓혀 가고 있습니다.

스폰서 활동에 국경은 없습니다. 내 네트워크중에서도 브라질, 홍콩, 뉴욕, 하와이, 한국에 그룹이 형성되어 있습니다. 자신이 외국에 간 적이 없어도 외국어를 할 수 없어도 자신이 스폰서가 된 디스트리뷰터가 어디선가 발을 뻗치면 거기에 네트워크가 넓혀지는 것입니다.

내 계열의 디스트리뷰터 중에서 조금 더 노력하여 자금이 모이면 브라질에 가서 본격적인 스폰서 활동을 하고 싶다고 하는 사람이 있습니다. 브라질에서는 일본엔으로 100만엔만 내면 농장을 하나 살 수 있으므로 그곳의 자연속에서 생활하며 암웨이 비즈니스를 넓히고 싶다는 것입니다.

이런 얘기를 듣고 있으면 이 일은 정말로 국경이 없다는 것을 실감합니다. 국경이 없다고 하는 예로 이런 얘기가 있습니다. 언젠가 브라질에 있는 내 계열의 그룹이 미팅을 하니까 꼭 와 달라고 하여 브라질에 간 적이 있었습니다. 무척 기대하고 있었던 그룹의 하나였으므로 나도 신경쓰고 있었습니다.

그런데 미팅이 끝나고 브라질 암웨이의 사람과 식사를 하게 되었는데, 포르투갈어는 전혀 할 줄 몰랐으므로 통역이 옆에 있었는데 맛있는 식사를 하면서 온화하게 환담하고 있을 때였습니다. 나는 갑자기 이상한 느낌이 들었습니다.

그래서 곁을 보니 브라질에서 암웨이 비즈니스를 하는 사람이 내가 말하는 중에 필사적으로 뭔가를 메모하고 있는 것이었습니다. 무엇을 위해서 저리 열심히 쓰고 있나 싶어 유심히 보았더니 내가 말하고 있는 것을 한마디도 빠뜨리지 않고 잊지 않기 위하여 쓰고 있는 것이었습니다.

'어째서 이 사람은 이런 일을 하고 있는 걸까?'하고 나는 매우 이상하게 생각하였는데 귀국하고 나서 일본 암웨이사람에게 들은바, 브라질에서 암웨이 비즈니스를 하는 사람들은 내 얘기에 매우 감동하여 그 메모를 정리하여 미국 본사에 보냈다고 합니다. 그리고 미국에서도 이것은 매우 귀중한 의견이라고 하여 나는 그일을 계기로 2월에 전세계의 암웨이 간부가 모이는 마우이섬에 초대되었습니다. 단지 파티에의 초대만이 아니라 그곳에서 강연까지 하게 되었습니다.

브라질 암웨이 사장의 메모가 이처럼 엉뚱한 일이 되었지만 이것도 역시 이 비즈니스가 국경이 없음을 보여주는 좋은 예지요.

또한 암웨이는 1994년에는 중국에 들어가게 되어 있는데 이것은 예상을 넘어서는 굉장한 일이 될 것 같은 예감이 듭니다.

왜냐하면 중국은 '세계 인구 다섯 사람 중 한 사람이 중국사람이다'라고 불리우는 인구가 가장 많은 나라이기 때문입니다.

그 사람들이 모두 자신의 비즈니스를 가졌다고 생각하는 것만으로도 정말 굉장한 일입니다. 그리고 중국이 아니라도 한국을 시발로 하는 아시아 여러국가는 이전의 일본처럼 급성장기에 있습니다. 그러니 미국, 캐나다, 일본에 이어 거대한 네트워크가 될 것 같습니다.

게다가 이 비즈니스는 누구든지 할 수 있고, 누구든지 성공의 기회가 있는 그런 사업입니다.

암웨이 비즈니스를 시작하는데 특별한 재능이나 기술, 자격 등은 필요없습니다. 초밥가게의 주인도, 스튜어디스도, 전업주부도, 나이드신 분도, 젊은 여성도, 영어를 할 수 있는 사람도, 할 수 없는 사람도, 악보를 읽을 수 있는 사람도, 읽을 수 없는 사람도, 대학을 나온 사람도, 나오지 않은 사람도, '해 보지 않겠어?'라고 권유할 수 있는 사업입니다. 그러니 찬스는 무한하고 드넓은 것입니다.

암웨이 마케팅 플랜

지금까지 암웨이의 3P중에 사람과 제품에 관해서 중점적으로 얘기했습니다. 그중에서 마지막에 남은 하나, 바로 마케팅플랜입니다.

실제로 어떤 일을 하면 어떻게 수입이 되는가를 중점적으로 말씀드리지요. 암웨이제품에는 하나하나 '디스트리뷰터가격'과 '표준소매가격'과 'PV'와 'BV'라는 것이 정해져 있습니다.

디스트리뷰터가격은 디스트리뷰터가 암웨이로부터 제품을 구입할 때의 가격, 소매가격은 구입한 제품을 손님에게 팔 때의 가격입니다.

PV와 BV는 둘 다 점수계산치이며, 제품이 팔렸을 때 디스트리뷰터에게 보너스로 되돌아 올때 금액계산의 근거가 되는 것입니다.

디스트리뷰터가 얻는 수입은 4종류입니다.

'소매에 의한 수입', '성과별 보너스', '리더쉽 보너스', '핀-보너스'입니다. 지금 이 책을 읽고 있는 당신이 오늘부터 시작해도 보너스는 받을 수 있습니다. 지금 전부 설명한다는 것은 어려운 일이고, 무엇보다 내가 계산에 자신이 없기도 하여 '성과별 보너스'를 중심으로 중요한 포인트만 설명하고 나머지는 조금 생략하겠습니다.

이것도 번거로운 사람은 여기서 뛰어 넘어 앞으로 나가도 괜찮고, 조금 흥미가 있는 사람은 재미있게 읽어 주십시오.

다른 사람의 일이 아니고 '만약 내가 하게 된다면'하는 생각을 하면서 읽게 되면 흥미를 느끼게 되고 재미있으리라고 생각합니다.

우선 보너스 금액은 자신의 매출에 의해 정해집니다. 거기다 자신과 자신의 네트워크가 1개월에 얼마나 매출을 올렸나 하는 것이 보너스 산출근거가 되는 것입니다. 보통의 회사처럼 연공서열도, 입사한 순서도 아닙니다.

게다가 그 판단을 상사나 사장이 하는 것이 아니고, 컴퓨터가 정확히 계산하여 판단합니다.

암웨이에서는 모든 제품마다 점수가 정해져 있고 그것이 보너스의 포인트가 됩니다.(PV라든가 BV가 그것이다)

예를 들면 세탁세제를 1개 팔면, 705점, 청소용세제라면 732점, 식기용세제라면 885점. 이런식으로 그것을 매월 1일부터 말일까지의 1개월간 토탈 몇점이라고 컴퓨터가 계산합니다. 어떻게 컴퓨터가 그런 일을 아는가 하면 디스트리뷰터가 암웨이에 상품을 부탁할 때 ID카드의 번호를 조회하기 때문입니다. 그 때 상품의 포인트는 동시에 입력되는 것입니다.

보너스의 열쇠는 네트워크

암웨이에서는 네트워크의 크고 작음에 따라 보너스와 그 외의 모든것이 크게 영향을 미친다라고 하는 것은 당신으로부터 시작한 네트워크가 그러니까 그룹의 성적이 전부 당신 성적으로 계산되기 때문입니다.

이런 식으로 말하면 처음 시작한 사람만이 돈을 모을 수 있다고 생각되겠지요. 나도 처음엔 그렇게 생각이 됐습니다.

그러나 그런 염려는 전혀 할 필요가 없습니다. 암웨이는 이미 완벽할 정도로 완벽한 계산방법이 있습니다. 예를 들면 당신이 A씨, B씨, C씨 라는 세사람의 친구에게 암웨이를 소개했다고 합시다. 그리고 A가 1개월에 4만 점분의 매출을 올렸다고 합시다. 그리고 마찬가지로 B가 3만점 C가 1만점, 당신도 1만점이라고 가정해 봅시다. 당신 그룹의 성적은 1개월에 9만점인 것입니다.

여기서 다음 페이지의 표를 잠시 봐 주십시오. 표를 보면서 읽으면 더욱 잘 이해된다고 생각하지만 이것이 곧 암웨이의 보너스 계산표입니다.

결코 내가 조작해서가 아니라 이와 같은 표에 따라서 보너스가 계산됩니다. 이 표에서 9만점이라는 것은 6%에 해당합니다. 1개월에 9만점의 매출을 올린 그룹에게는 그 매출의 6%가 되돌아 온다는 것입니다.

자신이 필요하여 또는 친구에게 소매하기 위하여 암웨이로부터 제품을 사서 거기서 지불한 돈의 일부가 상대편에 합산되어서 성적순으로 계산되어 되돌아 옵니다.

얘기를 쉽게 하기 위하여 예를 들면 1점=1엔으로 계산합시다. 그러면 구만엔의 6%는 5,400엔입니다. 이 5,400엔을 당신이 혼자 갖으면 분명히 피라밋 구조가 되는 것입니다. 나중의 세사람도 '도대체 뭔가'라는 식이 되어버리는군요. 그러나 그렇게 되지는 않습니다.

암웨이에서는 '자신의 밑의 사람부터 계산된다'는 규정

이 있습니다. 밑의 사람이 보너스를 먼저 받지 않으면 자신의 수입은 없다고 하는 그런 시스템입니다. 굉장하다고 할까, 무섭다고 할까, 어쨌든 훌륭한 시스템입니다.

● 성적별 보너스 스케줄표

〈표1〉

각 달의 PV	%
1,500,000～	21%
1,000,000～ 1,499,999	18%
600,000～ 999,999	15%
360,000～ 599,999	12%
180,000～ 359,999	9%
90,000～ 179,999	6%
30,000～ 89,999	3%
0～ 29,999	0%

● 암웨이의 보너스 시스템

〈표2〉

월차 보너스	%
성적별 보너스	0～21%
리더쉽 보너스	4%
루비 보너스	2%
펄 보너스	1%
년차 보너스	%
에메럴드 보너스	0.25%
다이아몬드 보너스	0.25%
익세큐티브 다이아몬드 보너스	0.25%
캐쉬 보너스	
더블 다이아몬드 보너스 DD 보너스	100만엔
트리플 다이아몬드 보너스 DD 보너스	200만엔
크라운 DD 보너스	400만엔
크라운 앰베서더 DD 보너스	950만엔

표를 보면서 계산해 볼까요?

A는 4만점이므로 표에서는 3%에 해당하므로 4만엔 ×3%=1,200엔입니다. B는 3만점이고 3%이므로 900엔, C는 1만점이므로 안됐지만 이번달엔 보너스가 없습니다. 그래서 처음 그룹의 보너스에서 A의 1,200엔과 B의 900엔을 뺀 나머지는 3,300엔, 이것이 당신의 보너스가 됩니다.

그렇게 하면 '어!, 역시 이것은 위의 사람이 이득이 아닌가?'라고 하는 사람이 있겠는데, 그런 사람을 위하여 또 다른 일례를 말하지요.

당신이 A라는 사람에게 암웨이를 소개했습니다. 둘이서 열심히 하여 이번달은 당신이 1만점 분, A가 10만점 분의 매상을 올렸습니다. 그러면 합계는 11만점이군요. 표에서 11만점은 6%에 해당됩니다. 11만엔×6%이고, 그룹의 보너스는 6,600엔이 됩니다. 그런데 이것을 분배할 때 밑의 사람부터 계산하므로 우선 A는 10만점이고 6%이므로 곱하면 6,000엔이군요. 아까의 6,600엔에서 6,000엔을 빼면 남는 것은 600엔입니다.

따라서 A에게 6,000엔 당신에게 600엔. 이런식으로 됩니다.

이런 계산은 전부 컴퓨터로 관리해서 매월 틀림없이 개인의 구좌에 송금되므로 부정은 전혀 없고, 나처럼 계산을 잘 못하는 사람도 걱정할 필요가 없습니다. 이것으로 이해되시리라 생각합니다만, 위의 사람이 언제나 돈을 모을 수 있는 것은 아닙니다.

자기가 한 일에 대해서는 정확히 평가됩니다. 그러므로 인간관계의 트러블도 생기지 않습니다. '어떻게 하여 저 사람이 저렇게 많이 받았는가?'라는 것은 없으므로 스트레스도 쌓이지 않습니다. 정말로 암웨이 비즈니스는 보너스 계산에서도 공정하다고 생각됩니다.

열심인 것도, 성공하는 것도 모두 함께

당신이 A, B, C, D, E 5명의 친구에게 암웨이를 소개했다고 합시다. 그리고 A는 큐우슈우의 친구 2명에게 또 암웨이를 소개하고 B는 아오모리의 친정의 가족이나 친척 4명에게 소개했다는 식으로 점점 네트워크가 넓혀져 갔다고 합시다.

1개월이 지나 A의 그룹이 50만점, B의 그룹은 40만점, C쪽은 30만점, D는 20만점, E는 10만점의 토탈 150만점의 성적을 당신 그룹이 올렸다고 합시다. 150만점은 표에서 21%입니다. 계산하면 315,000엔이 되는군요.

그리고 또 표를 따라 아까처럼 계산하면 이번은 당신의 손에 156,000엔이 들어오는 그런 식이 됩니다.

그렇게 하여 점점 네트워크가 진척되어 가서 어느 달의

성적이 A의 그룹이 300만점, B쪽이 400만점, C쪽이 500만점, D쪽이 100만점, E쪽이 600만점이었다고 합시다.

그때 A, B, C는 21%, D는 18%, E는 12%가 됩니다. 표를 보면 최고는 21%이고 그 이상은 없습니다. 암웨이에서는 21%를 달성한 그룹은 스폰서(암웨이를 가르쳐 준 사람. 여기서는 당신)로부터 독립할 수 있으므로 A, B, C는 당신에게서 독립합니다. 이것에 의해 3사람은 이제부터 자신의 네트워크를 중심으로 지금까지의 당신의 역할을 하는 것입니다.

D와 E는 21%에 도달하지 못했으므로 아직 당신의 네트워크입니다. 그런데 A, B, C가 당신에게서 독립하면 어떻게 될까요. 지금까지처럼 3개라인 가지고 있던 그룹으로부터 수입이 없어져 '독립시키고 싶지 않다'고 생각할까요? 그것은 잘못된 생각입니다.

분명히 3개 그룹으로부터의 수입은 없어지지만 그대신 지금부터 당신에게는 제각기의 그룹 매상의 4%에 해당하는 금액이 '리더쉽 보너스'로 지급됩니다.

먼저 예로 계산하면 300만점×4%의 12만엔, 400만점×4%의 16만엔, 500만점×4%의 20만엔 합계 48만엔이 당신 구좌에 송금됩니다.

그러므로 독립시킨 그룹 3개를 갖고 있는 것보다 5개 갖고 있는 편이 좋은 것은 이미 알겠지요?

표3처럼 그 독립시킨 그룹을 몇개 갖고 있는가로 Pin

-Level이라는 것이 결정됩니다.

암웨이에서는 디스트리뷰터의 평균 연 수입도 공개하고 있으므로 그것을 참고로 하면 재미있을 것입니다.

어째서 '모두 협력하여'성공하려고 하는가를 이정도로는 뭔가 완전히 이해되지 않았습니까.

나는 암웨이 비즈니스라는 것은 실로 하늘과 땅의 이치에 맞는 일이라고 생각합니다. 왜냐하면 자연스럽고 무리가 없기 때문입니다. 사람을 만날 기회가 많고 다른 사람의 성공을 도우면 그것이 자신에게 돌아옵니다.

내가 한 일의 결과가 반드시 돌아옵니다. 자신의 성공을 '다른 사람'이라는 필터를 통해 확인할 수 있습니다. 보통의 이들은 그것이 불가능하므로 혼자서 고생하다가 끝나버리게 됩니다.

'성공했다면 성공한 사람의 얘기를 잘 듣고 그것을 잘 배워서……'

이 이야기가 암웨이 비즈니스에 있어서는 정말로 이것이 딱 들어 맞는 얘기입니다.

수입은 인세(印稅)이다

내가 처음 이 시스템을 들었을 때 '아 이거야말로 인세같구나'하고 생각했습니다. 내가 병으로 들어 누워 있어도 네트워크가 튼튼히 있으면 수입은 보장되기 때문입니다. 내가 병에 걸렸든 어쨌든 여러분은 암웨이 제품을 쓰게 됩니다.

설마 내가 들어 누워 있어서 세탁을 하지 않는다든가, 욕조의 청소를 하지 않는다든가, 긴머리를 감지 않는 사람은 없겠지요. 내가 있건 없건 모두들 암웨이 제품을 쓰게 됩니다.

그런 이유에서 이 인세타입의 수입이라고 하는 것은 내게 있어서는 매우 획기적이었습니다.

예를 들면 내가 요전에 1개월 정도 카리브해에 갔었던 적이 있습니다. 돌아오니까 월말에 암웨이로부터 틀림없이 돈이 송금되어 있었고, 저처럼 병원의 의사가 돌연, '나는 이제부터 1개월간 카리브해에 갔다온다. 여러분의 건강을 기원한다'라든가, 어쩌든가 하고 카리브해에 갔다 왔다고 하면 어떻게 될까요. 아마 그 병원은 망해 버리겠지요.

음악가라면 레코드가 한장 팔리는 것에 몇%, 작가라면 책이 한권 팔릴때마다 몇%라는 인세가 있습니다. 암웨이도 그것과 같은 것입니다. 그리고 이 인세는 단순히 '자신이 상품을 얼마큼 판다면 얼마'라는 합의만이 아니고 내 네트워크로부터 결국, 내가 지금까지 쌓아올린 매출부터 분배된다고 하는 것입니다.

이런 얘기를 하면 때로 '이것은 불로소득입니까'하고

하는 사람이 있는데 그것은 조금 다릅니다. 예를 들면 마이클 잭슨이 1회 앨범 Recording을 하면 그것에 대한 막대한 인세수입이 들어 올 것입니다. 그리고 그의 앨범은 전세계에서 몇백만 장, 몇천만 장이 팔리는 이치와 같으니까요.

● 디스트리뷰터의 핀 레벨 〈표3〉

디스트리뷰터
무자격 실버 프로듀서 (SPS)
유자격 실버 프로듀서 (SP)
골드 프로듀서 (GP)
다이렉트 디스트리뷰터 (DD, 이하 동일)
루비 DD
펄 DD
에메럴드 DD
다이아몬드 DD
익세큐티브 다이아몬드 DD
더블 다이아몬드 DD
트리플 다이아몬드 DD
크라운 DD
크라운 앰배서더 DD

※ 나카지마 가로우는 1992년 9월에 세계 최초의 파운더스 크라운 앰베서더 DD가 되었다.

● 디스트리뷰터의 평균 연수입 (1991/1992)

명 칭	조 수	평균 연수입
액티브 디스트리뷰터	약 260,000조	약 ¥197,000
DD 이상	3,224조	약 ¥4,400,000
다이아몬드 DD 이상	약 106조	약 ¥21,000,000

※ 액티브 디스트리뷰터… 소매활동과 병행하여 스폰서 활동을 동시에 행하는 디스트리뷰터. 전체 디스트리뷰터의 약 30% 정도

그러나 팔리는 레코드 하나하나마다 취입을 따로하는 것이 아니고 레코드 가게에서 레코드를 팔고 있는 것입니다. 그렇다고 하여 인세를 '불로소득'이라고 말하는 사람은 없겠지요.

그와 마찬가지로 암웨이에서 얻어지는 수입도 전부 그런식의 노력이나 재능 등에 의해 얻어지게 됩니다. 정당한 보수인 것입니다. 그리고 그렇게 생긴 시간과 돈의 여유는 모두가 자신의 것이므로 어느 누구에게도 어렵게 여길 필요가 없는 것입니다.

암웨이는 때때로 피라미드 상법으로 착각도 하지만 그것은 엄청난 차이가 있습니다. 어째서 이것이 피라미드 상법이 아닌가 하면 내가 피라미드 판매는 해보지 않았기 때문에 잘 설명할 수 있을지 모르겠지만 피라미드 상법이라는 것은 무조건 많은 사람이 들어오면 들어올수록 좋겠지요. 그렇지만 암웨이는 아무리 많은 사람이 들어와도 들어온다는 그것만으로는 어떻게 될 수 없습니다.

예를 들면 당신 그룹의 사람이 50명 있다해도 모두 타회사의 세제를 쓰고 있다면 그것은 아무것도 될 수 없습니다. 점수가 전연 나오지 않으므로 당연히 보너스도 없게 됩니다.

또한 피라미드 상법이라면 증원에 대한 수당 같은 것

이 있어 한사람 들어오면 3만엔 두사람 들어 오면 10만엔 등으로 결정되기도 합니다.

그러나 암웨이는 몇 사람이 들어오건 그 증원된 사람의 수로는 보너스가 한 푼도 나오지 않습니다. 사람이 들어 와서 점수가 이뤄지지 않는한 비즈니스의 실적은 없는 것입니다. 그렇기 때문에 암웨이에서는 누구에게도 간섭당하는 것 같은 말따위는 듣지 않습니다. '당신은 왜 점수가 나오지 않는가'라는 식의 말을 듣지도 않습니다.

회사로부터 전화가 걸려 오지도 않습니다. 자유로운 만큼 자신을 시험하는 부분은 있지만 그것마저도 자신에게는 보람있는 일이지요.

라이프 스타일과 함께 자신도 바뀐다.

나에게 암웨이를 가르쳐 준 아리마씨는 여성임에도 곧 트리플 다이아몬드 DD라는 상위라인의 핀레벨을 얻게 되어 연 수입이 5백만 달러에 달한다고 말했습니다.

나는 크라운 엠버서더 DD이고, 독립계열은 28개 정도, 연수입은 억단위입니다. 이와같이 가르쳐준 사람보다도 연수입이 높다는 것은 암웨이에서는 자주 있는 일입니다.

가르쳐서 점수가 쌓여 모두가 열심히 하면 억단위의

년수입을 얻을 수 있습니다. '한번 해볼까'라고 단순히 생각하고 계약서에 서명한 나지만 지금은 이정도가 되었습니다. 이것이 내가 그렇게 되었을 때의 일을 최초에 상상할 수 있었기 때문입니다.

'억'이란 것은 굉장하다고 생각하지 않습니까?

암웨이에서는 보통의 사람이 억을 갖습니다. 이미 이것은 아메리칸드림을 실현시킨 좋은 예가 아닐까요?

'억'단위의 돈이라고 하면 연예인으로 TV에 출연한다든가 야구나 축구 등 프로운동선수로 활약하지 않는 한 거의 가질 수 없습니다.

그러나 그들은 보통 사람이 갖고 있지 않은 재능이 있으므로 그 수입이 가능합니다.

암웨이는 네트워크 비즈니스입니다. 계속하면 착실히 수입이 늘어 보통사람도 언젠가 억단위의 돈을 벌 가능성이 있는 비즈니스입니다.

나는 10년 전 단지 '이것은 억단위의 돈이 된다'라고 밖에 생각지 않았습니다. 그런데 단번에 억의 돈을 번 것은 아니지만 현재 그 수준을 누리고 있습니다. 그러니 그 사이에 점점 자신의 라이프 스타일도 변해갔고 그런 중에 자신이 하고 싶은 일이 보인다라는 느낌도 가질 수 있게 되었습니다.

단지, 예를 들면 10년 전의 내가 억의 돈을 받았다면 굉장했겠지요. 라이프스타일은 그대로이고 돈만 번다고 하는 것은 아무리 생각해도 삶의 균형이 깨진다는 생각이 듭니다.

세상에는 균형이라고 하는 것이 있기 때문에 자신의 능력과 수입이 맞지 않습니다. 그것은 결코 보기 좋은 모양이 아니지요. 점차 많은 수입을 갖는것과 함께 어울리는 라이프스타일이 되어 가면서 수입도 점점 늘어간다고 하는 것이 좋은 것입니다.

그런 점에서 복권에 당첨된다는 것은 참으로 행운이고 좋지만, 균형에 맞는다고는 볼 수 없겠지요. 복권이라는 것은 딱 한번 뿐이므로 그것이 없어지면 또 신데렐라의 꿈은 사라져 버립니다.

하지만 나는 복권에 당첨된 사람이 불쌍해 보인다고 생각합니다. 이것은 매우 이해하기 어려운 발상인지도 모르기 때문에, 어떻게 말하면 좋을까 조금 곤란하지만 굳이 말한다면 그 행운은 그 삶의 애버리지가 아니라고 생각합니다.

둘이 먹다 하나가 죽어도 모를것 같은 맛있는 음식을 아침, 점심, 저녁 계속 먹고 다음날부터 느닷없이 보통의 식사로 돌아 온 것 같은 것으로, 어설픈 맛있는 음식에 길들여 졌기 때문에 다음날부터 여간 고통스럽지 않을 것입니다.

다만 상황을 잘 이해하고 있어서, 자신을 컨트롤 할 수 있는 사람이라면 내가 말할 바는 아니겠지요.

그렇게 해서 수입의 질과 본인의 능력이 균형을 갖고 있으면 이제 1억 모은 것이 100억을 모으는 것이 되므로 문제는 없을 것입니다.

떠오른 이미지는 현실로 바뀐다

여기까지 개괄하여 내 비즈니스를 설명했습니다.

그러나 나는 이 책을 읽고 있는 여러분에게 암웨이 비즈니스를 권유하려고 생각하고 이 책을 쓰고 있는 것은 아닙니다.

세상 사람들 모두가 다 암웨이의 디스트리뷰터가 된다면 어떻게 암웨이비즈니스가 굉장한 사업이 되겠습니까.

'암웨이 그거 뭐지'하고 암웨이를 모르는 사람이나 '그런거 흥미없어'하고 암웨이비즈니스를 생각하지 않는 사람이 읽었으면 좋겠습니다.

다만 읽어서 자신이 상위의 핀레벨로 좋은 수익을 얻어 라이프 스타일이 변화된 때를 상상할 수 있는 사람이 있다고 하면 그 사람에게만은 이 책을 권하고 싶습니다.

그리고 자신이 그렇게 되었을 때의 일을 머리속에 명확히 그릴 수 있는 사람이라면 그것은 이미 그렇게 된 것과 다름없기 때문입니다.

몇번이나 말하지만, 기본적으로 사람은 무리하거나 할 수 없는 일은 꿈꾸지 않게 되어 있습니다. 무슨 말인가 하면 어떤 일을 상상한다고 하는 것은 그 어떤일이 가능하다고 하는 것입니다. 그러므로 암웨이 비즈니스뿐 아니라 뭔가를 목표로 꿈을 갖고 있어 그것을 상상하는 것이 가능하면 그것을 실현하는 것 또한 가능합니다.

찬스를 판단할 수 있는 감성을 키우는 일은 성공하기 위해서는 빼놓을 수 없는 조건의 하나라고 생각합니다. 늘 어디서 만날지 모르는 기회를 확실히 내 능력으로 짜 넣을 수 있다면 당신의 인생을 더욱 개척해 나갈 수 있겠지요.

제 3 장

나를 떠받치는 성공 사고법

My Success, My Amway

사람을 만나는 것이 좋다

암웨이 비즈니스는 사람과 사람의 대화와 만남속에서 가능합니다.

'사람을 보면 곧바로 이 비즈니스를 알려줄까?'하고 생각하기 쉽지만 상대의 성공을 바라며 함께 성공을 나눌 수 있어야 하는 것이 암웨이 비즈니스 입니다.

잘 알지 못하는 사람과 함께 열심히 해 나가자라는 것이 아닙니다. 그러나 나는 암웨이와는 전혀 관계없는 사람들과의 교제도 소중히 여기고 있습니다.

그리고 업무적으로 사귀는 사람과 개인적인 일로 사귀는 사람을 나누어 생각한 적은 없습니다.

예능인, 스포츠 선수, 실업가 부부… 타고 있는 비행기의 객석도 같고, 호텔 객실의 수준도 같고, 레스토랑도, 쇼핑하려 온 가게도, 그런 경우가 많은데 웬지 모르게 안면이 있습니다. 프로 축구 선수이고 요즘 한창 인기절정의 슈퍼스타 미우라도 그래서 친구가 되었습니다.

미우라와 친구가 된 사연에는 남다른 재미있는 에피소드가 있습니다. 미우라와 처음 만나는 날로부터 일주일 정도 전으로 거슬러 올라갑니다. 그날 나는 브라질에서 온 아는 사람과 만나고 있었습니다. 식사를 하면서, 축구 얘기가 나와 그가 말하기를 '웨르딕이라는 축구팀에 미우라라고 있지요? 그는 브라질에 있을 때 우리 레스토랑에서 아르바이트 한 적이 있어요'라고 하여 '우와! 정말이예요? 굉장하군요' 하며 흥분했던 일을 기억하고 있습니다.

그리고 그날로부터 일주일 후 하와이에 갈 일이 있어서 나는 나리타 공항으로 갔습니다. 배가 고파서 공항안의 레스토랑에서 뭔가 먹으려고 발을 옮겼는데 미우라가 거기서 식사를 하고 있었습니다.

"저 사람이 미우라선수 맞죠?"

"그렇습니다."

함께 있던 친구에게 확인이 되자, 나는 갑작스레 미우라 옆에 가서

'혹시 브라질의 ○○씨 아시지요?'라고 말을 걸었습니다. 순간 미우라의 얼굴은 찌그러지는 듯 했습니다.

"네?"

의심스러워 하는 미우라의 안색에 조금 기가 죽은 느낌에도 나는 다시 한번

"브라질의 ○○○씨, 모르십니까? 당신이 옛날에 아르바이트 하던……."

라고 물었습니다. 그래도 미우라의 대답은 역시 한마디로

"아닙니다".

나는 당황하여 '아, 미안합니다. 실수 했군요. 죄송합니다.'하고 사죄하고 돌아왔습니다.

그 얘기를 하와이에 와서 마중나온 친구에게 즉시 얘기했습니다.

'창피한 일을 당했네. 브라질의 ○○○씨, 참 이상하다'라고 투덜대며 호텔 내 방의 베란다에 나와 서 있었습니다. 그런데 옆방의 베란다에 미우라선수가 서 있는 것이 아니겠습니까?

그 이후로 하와이에서는 어딘가를 갈 때마다 자주 마주치게 되었고 미우라 선수가 먼저 인사해 오게 되었습니다.

"안녕하세요? 자주 마주칩니다." 등등

미우라가 TV화면에서 밖에 본 적이 없는 사람이라고 생각하면 조금 이상한 기분이 듭니다. 내일은 일본에 돌아가는 날, 나는 호텔 풀에 있는 deck chair에 누워 일광

욕을 하고 있었는데 미우라가 옆 deck chair에 앉는 것이었습니다.

우연이라고 하기에는 너무 자주 만나져서 무심코 미소를 지었고 그것을 계기로 우리들은 여러가지 얘기를 시작하고 완전히 사이좋게 되었습니다.

하와이에서 일본으로 돌아와서도 종종 시간을 함께 하기도 했습니다.

유명인을 스폰서로 하면 그 사람의 인맥이 네트워크를 넓힐 수 있다는 무한한 가능성이 있지만 24시간을 그런 것만 생각하고 있다면 웬지 문제가 있는 거지요.

그러기에 무엇보다 나는 우선 단순하고 가벼운 성격이므로 '함께 사진을 찍지요.' 했었고 때로는 '어떤 일을 하고 있습니까? 라고 물으면 '당신도 해보면'하고 권유하는 일은 있지만 비즈니스 설명을 해도 상대가 흥미를 갖지 않으면 특별히 권하지는 않습니다.

'흥미가 없다'라고 하는 사람에 대해서는 '아, 그렇습니까?'로 그 말 한마디로 끝입니다. 푸념을 없애는 특별한 판매나 매뉴얼은 존재하지 않습니다. 내가 보부상은 아니니까요.

예를 들면 내가 어떤 사람에게 '차 마시기에 홍콩의 페닌슐라가 좋아요'라고 했다 합시다. 그런데 그 사람이 '그곳보다 좋은 장소도 많아요. 나는 절대로 그런 곳에 가지 않습니다.'라고 해도 나는 조금도 곤란해 할 이유가 없습니다. 그 사람이 다른 곳에서 차를 마셨다 해도 '아 그 사람은 페닌슐라는 그다지 좋아하지 않는구나'로 끝입니다.

그것과 같은 것입니다.

다만 '그 방면의 프로'든가, '그 업계의 거물'이라고 불리는 사람은 웬지 사람을 끄는 마력이 있습니다. 있는 것만으로도 즐겁다면 얘기의 주제는 아무래도 좋습니다. 게다가 공부도 되니까요. 그러므로 개인적인 사귐은 가능한 한 계속해서 유지하는 것이 좋다고 생각합니다.

'다시 또 연락하겠습니다'라고 전화번호와 주소를 물어놓으면 연하장 정도의 사귐으로도 어딘가의 파티에서 만나는 일도 있고, 어찌 어찌하다보면 아는 사람의 친구이기도 한 일이 있습니다.

어쩌다 오랫만에 만났는데도 오늘은 당신이 말한 암웨이 비즈니스를 자세히 말해주지 않겠습니까'등 물어오는 일도 있습니다.

'실은 친구 중에 암웨이비즈니스로 성공했다고 하는 사람이 있어서…'라고 새삼 흥미를 갖게 되어, 물어오는 경우도 있습니다. 나는 누가 뭐라해도 '사람을 만난다'고 하는 일이 취미라고 해도 좋을 정도로 좋습니다.

그런 의미에서는 이 일은 취미와 실익을 겸할 수 있는 일인지도 모릅니다. 나는 곧잘 내 자신의 일을 '일이 놀이고 놀이가 일'이라고 표현하지만 나로서는 너무나 당연한 느낌입니다.

때때로 '사람을 만나는 것은 귀찮다'라고 하는 사람이 있지만, 나로서는 이해할 수 없는 얘기입니다.

내가 모르는 일을 다른 사람과 얘기하는 것은 재미 있습니다. 만난사람 모두가 친구가 될수는 없지만, 어떤 사람으로부터 어디어디에 특별한 남자가 있다라는 얘기를 듣는다면 친구가 되겠다는 생각은 들지 않지만, 우선 한번 만나보고 싶다고 나는 생각합니다.

그래서 만나보고 자신의 호기심이 만족되면 그만이지 비즈니스에 연결하려고 생각하지는 않습니다. 훨씬 뒤에 어떤 형식으로 연관될 가능성이 있을지 모르지만, 세상은 여러형태의 사람이 많이 있습니다. 그 여러사람의 여러가지 생각에 접촉할 기회가 많으면 많은만큼 받는 영향도 감동도 크다는 것입니다.

그러나 그런 정보가 적으면 비즈니스기회도 작아지고 감동도 영향도 작다는 것입니다.

그런 점에서 볼때 내 비즈니스는 여러 사람과 만나 여러가지 정보를 얻고 감동했다고 하는 즐거움이 있습니다. 공적인 일과 사적인 일의 한계가 없는 일. 그것이 바로 나의 비즈니스입니다.

사람을 기쁘게 하는 것이 좋다

나는 어릴때부터 자타가 공히 인정하는 예지능력이 있었는지도 모릅니다. 초등학생때 누나 생일을 맞아 당시 유행인 필통을 선물한 적이 있었는데 지금도

"그때는 즐거웠어. 그때부터 나까지마 너는 사람이 원하는 것을 알고 있는 것 같다"라는 말을 지금도 누나한테 듣곤 합니다.

특별히 속셈이 있는 것도 아니고, 다른 사람의 즐거운 얼굴을 보는 것이 좋았을 뿐이었습니다.

가업은 식료품점과 빠찡꼬점을 했었고 웬지 우리집은 가게에도 내실에도 자주 주위사람이 모여 웃는 소리가 끊이지 않는 집이었다고 생각이 듭니다.

가족은 양친과 누나 둘이지만, 제각기 각자의 친구, 아는 사람을 데리고 와서 누가 누구의 친구인지 잘 모를 것 같은 '대가족'이었습니다. 덕분에 내가 낯을 가리지 않는 성격이 형성되었다고 생각합니다.

내가 친구를 데리고 와 집에 재운 다음날 아침이면 엄마는 친구들 것까지 도시락을 만들어 주셨습니다. 친구들도 하룻밤 묵어가는 것만으로는 가려고 하지 않고 소탈한 얼굴을 하고 돌아와서는

"지금 왔어요. 나까지마는 아직 돌아오지 않았나요?"

하고 묻곤 했습니다.

우리집 가족들은 모이기만 하면 '자기자랑'을 하곤 했습니다. 학교에서 칭찬받았다거나 목청자랑으로 몇개의 종을 울렸다거나, 어떤 일이라도 서로가 서로에게 자랑했습니다.

모두가 자랑하고 모두가 즐거워 하고 모두 함께 웃는다고 하는 것이 우리집의 '규칙'이었습니다.

보통의 집이라면 반대로 '별로 자랑하지 않는다'고 생각하지만 우리집은 달랐습니다. 누나와 결혼하여 매형이 된 사람의 얘기에 의하면 '모두 조금 머리가 이상하지 않은가 하고 생각이 됐던 집'이었습니다. 나 자신도 '어떤 것을 말하면 모두가 즐거워할까? 라는 것을 어릴때부터 생각 했었던것 같습니다.

이것은 지금도 변하지 않았습니다. 가게를 돕는 것도 좋았습니다. '빠찡꼬 구슬 1개를 서비스로 구멍에 넣어주면 그것만으로도 손님이 매우 기뻐한다'라든가, '고기를 달아 팔 때도 많이 달아서 줄이는 것보다 우선 조금 올려놓고 조금씩 조금씩 더 올리는 쪽, 적은 덤이라도 아줌마들은 기뻐한다'라는 것을 알고 있었습니다.

눈치빠른 아이랄까, 괴짜랄까. 좋게 말하면 센스있는 아이였다고도 말할 수 있을지 모릅니다. 어쨌든 양친은 '딸이 둘 있어도 아들이 제일 맘에 든다'라고 언제나 말할 정도였습니다.

다른 사람이 기뻐하는 모습을 보면 나도 기뻤습니다.

동네 아줌마들이

"가오루야, 어제 거인(자이언트)이 이겼어"

라고 말하면서 물건 사러 오면

"아 그래요? 좋았겠군요"라고 함께 기뻐하는 것이 좋았습니다. 그것은 내가 야구를 전혀 몰라도 말입니다. 또 누군가의 생일에 줄 선물내용을 생각하는것도 즐겁습니다.

자신이 하고 싶은 것을 하고 싶다

누구든 약속을 이유없이 취소하거나 지각하면 기분 나쁠 것입니다.

그러므로 '약속을 지킨다든가 지각을 하지 않는다'는 것은 '자신이 싫은 것은 다른 사람에게도 시키지 않는다' 라고 하는 당연한 것입니다.

게다가 일보 더 나아가 내가 언제나 유의하고 있는 것은 자신이 하고 싶은 일, 나도 하면 기분 좋은 일을 다른 사람에게 시킨다고 하는 것입니다.

원래 다른 사람이 즐거워 하는 얼굴을 보는 것을 좋아하는 성격이므로 마음에 새기고 생각하고 있다기보다는 자연히 그렇게 되었는지도 모릅니다.

예를 들면 누군가의 파티에 초대되었는데 알고 있는

사람이 없어서 목석처럼 서 있기만 한다면 그것만큼 괴로운 일은 없겠지요.

모든 사람들이 스스로 선뜻 다른 사람에게 말을 거는 사람만 있다고는 할 수 없습니다. 그러므로 어떤 모임에서건 단 한번이라도 보았음직한 사람에게 '요즘 건강은 어때?', '어떻게 지내니?'하고 말을 건네는 것입니다.

그리고 그 파티가 내가 초대한 쪽이라고 하면 그때야말로 초대된 사람 모두가 즐거운 시간을 보낼수 있도록 벌써 며칠전부터 이것저것 계획하겠지요.

때때로 잡지의 취재등에서 내가 억만장자이기 때문이라고 하여 긴장하는 기자들이 있습니다.

나는 그런 사람을 보면 긴장을 풀게 하려고

"뭔가 마시겠습니까?"

라고 말을 붙이곤 합니다. 쓸데없는 참견이라고 생각할지 모르지만 어쨌든 다른 사람이 따분해 하는 것 같으면 미안하기도 하고 신경이 쓰입니다.

또, 축하나 격려 편지를 받으면 즐거울 것이라는 생각에 나는 많은 편지를 쓰고 있습니다. 1일 10매정도는 엽서나 카드, 편지 등을 쓰고 있습니다.

고향인 시네마에 살았을 당시 아직 누나와 결혼하기 전의 매형이 놀러왔다가 돌아갈 때면 나는 반드시 뭔가 선물을 주었습니다. 그렇다고 그것은 굉장한 물건은 아니고, 과자나 책상 위에 놓여 있던 과일같은 것이었습니다. 지금 생각해 보면 어쩌면 오히려 실례였는지도 모르지만, 나는 다만 그를 맨손으로 보내는 것이 싫었습니다.

좋은 호텔의 스위트룸에 머무르면 대개 테이블 위에 과일이 산처럼 가득히 쌓여 있습니다. 나는 대부분 함께 있는 사람에게 나눠주거나 때로는 전부 가지고 와서 친구들에게 '이거 선물이야'하고 건네주기도 합니다. 호텔측에서는 나를 단지 인색한 사람이라고 생각할지 모르지만 호텔쪽에도 내가 남긴 과일을 그대로 버리는 것 보다는 모두 맛있게 먹는 편이 좋다고 생각할 것입니다.

또한 가족이나 친구와 해외여행을 갈 때는 반드시 내 트렁크가 하나 많습니다.

"나까지마씨, 그 짐은 뭐요?"

라고 묻지만 내용은 일본 음식입니다. 마이애미에 가서까지 밥에, 야채절임에, 된장국을 먹어야 합니까?"

라고 생각하겠지만, 나에게 먹는 것은 더없이 즐겁습니다.

언제였던가 단짝 친구 여럿과 일본 암웨이본사의 영업부 몇명과 함께 테니스를 한 적이 있었습니다. 15명 정도로 시나가와 프린스 호텔을 반나절 빌려서 썼었습니다. 그 때 모두에게 뭔가 선물을 주고 싶어서 '남녀 겸용의 브로치에 전원의 이니셜을 새기면 어떨까? 라고 생각이 들어 테니스를 하고 있는 사이 잘 알고 있는 보석상에게 황급히 만들어 주도록 부탁했습니다.

모두 그 선물을 받고 기뻐해줘서 나 자신도 즐거웠던

것이 생각납니다.

다른 사람의 기뻐하는 얼굴을 보기 위해서라면 시간도 수고도 아까워하지 않는다고 하는 것이 나의 방침이 돼 버렸습니다.

그외에도 재미있는 일이 있었습니다. 나고야에서의 타 계열 디스트리뷰터가 주최한 자리에 내가 게스터로 나갔을 때의 일입니다. 어느 부인들이 자리에서 내 연설을 듣고 맘에 들었던지 연설이 끝나고 휴게실에 오자마자,

"감동했습니다. 우리들의 홈 미팅에서도 연설해 주세요."

라고 애원하는 것이었습니다.

그렇게 감격스러워하니 나로서는 매우 영광이지만 유감스럽게도 나의 스케쥴은 스스로 말하는 것은 쑥쓰럽지만 웬만한 인기있는 연예인 보다 꽉 차 있습니다. 그래서

"스케쥴이 꽉 차 있어 무리입니다. 미안합니다."

라고 거절했지만, '어떻게 해서든 와 달라'는 그의 간곡한 말에 어떻게 했느냐하면 대학시절에 테니스를 한 것 같아서

"테니스 시합을 해서 만약 나를 이기면 그 때는 나고야에 가지요."

하고 약속을 했습니다.

그 시합은 시나가와 프린스 호텔에서 열렸습니다.

그녀 둘과 이쪽은 나와 암웨이의 영업부의 한사람 이

었습니다. 이미 세기의 결전이었습니다. 3set—Match전으로 제1세트는 상대가 이기고 제2세트는 이쪽이 만회했습니다. 그래서 1:1이 되었습니다.

그리고 3세트는 4:5로 우리쪽이 1점을 지고 있어서 상대편은 매치 포인트, 1점을 이기면 나를 나고야에 부를 수 있다고 하는 때입니다. 그런데 시간이 다 되어 버렸습니다.

코트는 1시간만 예약했기 때문에 코트의 끝에서는 다음 사람들이 이미 기다리고 있었습니다. 그 사람들에게 '이 시합이 끝날 때까지 기다려 주세요'라고는 말할 수 없었습니다.

본래는 결말이 나지 않았기 때문에 무효가 되겠지만, 그 시점에서 1점 지고 있기도 하여 나는 그만 '나고야에 갑시다'라고 말해 버린 것입니다.

나중에 이를 위한 스케쥴 조정으로 어려움을 겪었지만 내가 '나고야에 간다'라고 했을 때의 그녀들의 즐거워했던 모습을 생각하면 나 자신도 여간 기분이 좋습니다.

역시 나는 타인이 즐거워 하는 것을 보는 것이 좋습니다.

나의 일하는 태도를 보고 몇몇 아는 사람은 내가 너무 낙천적 사고 방식을 갖는다고 염려하지만, 하루 24시간을 갖고 있는 시간은 다른 사람과 같습니다. 그러므로 최대한으로 효율좋게 쓰는 쪽이 낫고 이익이 됩니다.

Man Watching의 근거는 '사람에의 흥미'

나는 한번 만난 사람이나 인사 나눈 사람의 얼굴과 이름은 대부분 기억하고 있습니다.

이름은 물론 Full name까지 다 기억합니다. 암웨이에서는 부부 디스트리뷰터가 많으므로 성과 이름을 모두 외워두지 않으면 곤란한 경우가 꼭 있기 때문입니다.

모든 비즈니스에서 성공하는 비결에는 대개 '사람의 얼굴과 이름을 기억한다'는 내용을 빼놓을 수 없는데 내 경우 비즈니스에서 성공하기 위해 '꼭 외우지 않으면 안 된다' 따위의 생각은 없습니다.

누군가를 만나면 나는 곧 '이 사람은 어떤 사람이지! 뭘 좋아할까! 어떤 꿈을 가지고 있나? 어떤 생각을 하고 있는가?' 등의 그 사람 나름대로의 느낌을 알려고 합니다. 그렇게 하여 '이 사람은 이런 타입이고 이런 것을 좋아하고'라고 머리속에 입력해 두면 이름도 얼굴도 쉽게 익힐 수가 있습니다.

사람의 얼굴과 이름을 익히는 것은 그 사람에게 호기심과 흥미를 갖는 것이 가장 빠른 길 같습니다. 그렇게 하면 자연히 세부적인 것까지 기억할 수 있고, 간혹 잊어버리는 경우가 있어도 다시 만났을 때 의복의 기호나 걸음걸이 등을 보면 '아 그때, 그사람'하고 입력되어 있던 사실이 자동적으로 출력되는 것입니다.

더욱이 나의 사람 외우기 버릇은 암웨이 비즈니스를 시작하기 전부터 있었던 것입니다. 제일 처음 암웨이의 일을 전한 친구와의 만남은 레스토랑이었습니다. 그는 그때 웨이터이고 나는 손님. 내가 커피를 주문하자 그가 가져온 것은 에스프랫소였습니다. 나중에 들은 바에 의하면 그 가게는 에스프랫소가 명물이고, 커피를 주문한 손님에게는 그것을 주었던 모양입니다.

그러나 나는 진한 커피는 딱 질색이어서 한모금 마시고

"너무 진한데…"

하고 생각하고 있었습니다. 그러자 그는 나의 떫은 얼굴을 알아차리고 바로 American식의 커피를 가져 온 것이었습니다.

'응. 그도 꽤 관찰력 있는 사람이다'라고 생각했습니다.

그 이후 우리는 친한 친구가 되었습니다. 암웨이를 알았을 때 최초에 '아, 그라면 올라올 수 있어. 그 친구라면 할 수 있어'라고 직감했습니다. 그 사람은 지금 더블 다이아몬드 DD가 되어 있습니다.

여성은 2배

사람에 대한 관찰력이라고 하면 특히 여성이라면 흥미진진한 존재입니다.

물론 비즈니스의 대상으로 말입니다. 그러니까 가정용품 판매 대상만이 아니고 어떤 것도 여성이 '좋다'고 생각한 것은 반드시 매상을 올릴 수 있다라고 하는것을 나는 잘 알고 있었습니다.

예를 들면 '싸고 맛있는 레스토랑'이나 '분위기 좋은 커피숍을 발견했다고 하면 남성들은 그다지 주위에 얘기하지 않습니다.

'자기만 아는 장소'나, '언젠가 연인과 같이 오는 장소'로써 숨겨두는 일이 많습니다.

그러나 그것이 여성이라면 '아늑한 커피숍을 제가 알아요. 같이 가요'라고 자랑하기도 하고 권유하기도 합니다.

보통의 여성들은 얘기 하기를 좋아한다고 생각해도 틀림없는 것 같습니다. 너에게 얘기하니까 누구한테도 얘기하지마'라고 단서를 붙이면서도 그것을 10명 정도에게는 얘기합니다. 움직이는 광고탑이라고 말할 수 있을 겁니다.

그리고 뭔가 '싸고 좋은 물건'이나 '귀여운 물건'이나 마음에 드는 물건을 발견하면 한 개만 사려고 하는일은 거의 없습니다. 적어도 두 개는 삽니다. 한개는 친구에게 선물주는 것입이다. 그러므로 여성에게는 언제나 두배를 판매할 수 있는 것입니다. 그러니까 곱셈 게임과 같은 것입니다.

'안될지도' 보다는 '될지도'

나는 이 책속에서 긍정적 생각의 중요함을 여러번 얘기했습니다. '잘 되어가지 않을지도 모른다'라고 괴로워하는 것보다, '나도 할 수 있지 않은가'라고 나에게 플러스 되는 쪽으로 생각하면 반드시 '할 수 있고', 만일 되지 않는다 해도 괴로워 하는 것보다 또 다른 기대를 하고 있는 쪽이 정신 건강상 좋을 것입니다.

한 시간을 계속 괴로워하면 그 한 시간은 '지루한 시간'이 됩니다. 그와는 반대로 기대하고 있으면 그 한 시간은 '밝은 시간'이 되는 것입니다. 같은 한 시간이라면 밝은 쪽이 절대로 좋은 것임에 틀림 없습니다.

작년에 내가 주최한 가오루컵배 테니스 토너먼트 대회가 있는 하루전 일기예보는 '내일은 호우가 예상됩니다.' 였습니다.

그래서 불안한 듯 하늘을 쳐다보는 멤버들에게 나는
"아, 일기예보는 거짓말장이 아닙니까"
라고 안심시키는 말을 건넸습니다.

그리고 그날은 맑았습니다. 어떻게든 최후까지 토너먼트는 계속되었습니다. 나의 플러스 사고는 '하늘도 이겼다'는 것입니다. 나는 특별히 신앙은 없지만 하늘이나 신은 한 사람 한 사람에게 '자신이 염원하는 것은 이루어지도록 한다'라고 말해주는 듯한 기분이 듭니다. 신이 애써 '괜찮아 꼭 이룰 수 있어'라고 말하고 있으므로 큰 배나 노아의 방주에 탄 기분으로 '응, 할 수 있어'라고 생각하고 있는게 훨씬 낫습니다.

'아무래도 나는 할 수 없어. 무엇을 해도 잘 되지 않아. 운이 없어'하고 곧바로 체념해 버리는 사람에게는 신이라도 도울 수 없을 것입니다.

막히면 시점을 바꿔라

암웨이사에는 여러가지 제품이 있습니다만, 예를 들면 냄비는 경질 스텐레스제의 고급품입니다. 열효율이 좋아서 가장 작은 소스 빵이라면 2, 3분으로 반숙 계란이 됩니다. 데몬스트레이션을(실제로 사용해 시험해 보이는 것) 실시하면 대개의 사람은 '아 좋은 냄비군. 집에서도 써 보고 싶다'고 분명히 말할 것입니다.

그렇지만, 좀처럼 '나도 사야지'라고는 말하지 않습니다. 여기서 디스트리뷰터는 낙심합니다. '그렇게 좋아라고 했는데도 어째서 사지 않는가? 자신의 권유방법이 나빴는가. 아니면 그외 데몬스트레이션 방법에 문제가 있었는가'하면서 말입니다.

물론 반성하는 것은 중요합니다. 그렇지만 '내게는 이 일이 어울리지 않는 것은 아닐까' 라는 생각으로 기죽을 필요는 없습니다. 여기서 '이 냄비를 사지 않은 사람과 팔지 못한 자신을 비교하면 사지 않은 사람쪽이 불행하지 않은가?'라고 생각해 볼 수도 있습니다. 자신이 '좋다'고 생각해 권유한 제품을 상대도 '좋은 제품'이라고 생각을 했습니다. 그런대도 '사지 않는다'라고 하는 것은 '어쩔 수 없다'라고 가볍게 생각하는 것이 다음 기회를 위해서도, 정신건강을 위해서도 좋을 것입니다.

경질 스텐레스 냄비이므로 알루미늄 냄비보다는 가격이 비싼것은 당연합니다. 하지만 연료비나 요리에 걸리는 수고와 시간을 비교하면 경질 스텐레스 쪽이 단연 이익입니다. 알루미늄 냄비를 매우 소중히 사용하고 있는 사람에게는 그것이 잘 이해되지 않을 것입니다.

'아직 쓸만한 냄비가 있는데 됐다'라고 거절하면 '아직 내 쪽이 행복하다'라고 생각하면 그만입니다. 또 권유해도 들어주지 않고 거절한다면 애써 판매할려고 해도 비즈니스는 성공하지 않습니다. 당신이 반복해서 얘기할수록 "또 그 얘기냐?"고 말할 겁니다.

이솝이야기의 '북풍과 태양' 얘기를 생각해 보세요. 나그네에게 무리하게 코트를 벗기려고 거센 바람을 불어서, 반대로 코트단추를 다시 잠그게 한 북풍과 뜨거운 햇살로 쨍쨍하게 나그네를 덥게 하여 자연스럽게 코트를 벗긴 태양 얘기입니다. 코트의 깃을 세워 몸을 움츠리고 있는 나그네에게는 '태양'으로 접해야만 합니다.

내 친구 한사람 중에 내가 아무리 이 비즈니스를 권유

해도 좀처럼 '응' 이라고 말하지 않던 남자가 있었습니다. 이미 어느 회사의 톱세일즈맨으로서 확고한 지위를 구축하고 있었기 때문입니다.

그러나 얼마쯤 지나서 그가 내 집에 놀러 왔을 때, 아무 생각없이 내 예금통장을 보여주었습니다. 그랬더니 그는 두말할 나위도 없이 바로 이 비즈니스를 시작한 것입니다. 그가 수십년을 다른 회사의 톱세일즈맨으로서 노력해 얻은 수입을, 내가 이 비즈니스를 시작하여 얼마 되지 않은 동안 그가 얻은 수입을 아주 간단히 벌었기 때문이었습니다.

머리와 몸은 차의 양바퀴

자기 나름대로 면밀히 분석하고 계산해서 계획을 세워도 막상 해보면 좀처럼 계획대로 되지 않는 사람이 있습니다. 그런 사람은 혹시나 하는 생각으로 머리속에서만 해결하려고 하여 실패하고 있는건 아닐까요?

거꾸로 '어쨌든 해 보자'고 하면서 밀어 붙이기식만 하는 사람도 잘 되지 않습니다. 머리와 몸 '생각하는 것'과 '행동하는 것'의 밸런스를 유지하는 것이 중요합니다. 예를 들어 말하면 자동차 좌우의 타이어와 같은 것으로 어느쪽인가가 너무 팽팽해지면 한쪽으로 구르는 것입니다.

또한 '생각하는 것'과 '행동하는 것'이 일치해도 잘 나가지 않는 때가 있습니다. 그것은 먼저 일에 불안을 갖거나 눈앞의 것 밖에 보고 있지 않을 때입니다.

차를 운전하는 사람은 잘 이해하리라 생각합니다.

차를 운전할 때는 가까이만 보고 있으면 주행이 불안정해져 사고를 일으키기 쉽습니다. 그러므로 어느 정도 먼 곳의 앞을 보면서 운전하지 않으면 안되는 것입니다.

체조를 하는 사람에게는 평균대에 비교하면 바로 이해하겠지요. 폭 10cm, 높이 1m20cm의 평균대 위를 걷는 것은 누구라도 두려움이 있습니다. 그렇다고 해서 그것을 자신의 발 밑만 보면서 걸으면 곧 떨어져 버리고 말 것입니다.

저쪽 끝을 보면서 걷지 않으면 똑바로 예쁘게 걸을 수 없습니다. 다른 한 예를 들어 체육시간에 손수레를 사용하여 확실히 선을 그을 때도 마찬가지 입니다. 손수레의 바로 앞을 보고 그으면 선은 비틀비틀 해 집니다. 역시 먼 데를 보면서 수레를 끄는 쪽이 바르고 예쁜 선이 그어진다는 것입니다. 머리와 몸, 여러가지 밸런스가 서로 잘 어우러지게 조절해야 합니다. 잘 전환이 되지 않는 사람은 자신의 서머스탯를 다시 한번 점검하는 것입니다.

자기 혁신이 필요하다

암웨이에서는 핀 레벨이 높아질수록 미팅이나 데몬스트레이션의 기회가 늘어납니다.

저도 전국 방방곡곡에서부터 해외까지 초청을 받아 몇천명의 디스트리뷰터들을 앞에 놓고 얘기하는 것이 큰 고역이었습니다.

지금은 '아, 그런 일이 있었나?'라고 웃을 수 있는 얘기지만 말입니다.

나의 미팅 시절 얘기가 생각납니다.

어느날 미팅에서 데몬스트레이션이나 마케팅 플랜 설명을 부탁받았는데도 불구하고 미팅을 빠뜨리고 도망해버린 적이 몇번인가 있었습니다.

그때는 역시 좋지 않았다고 반성하고 '좋아, 다음은 틀림없이 하지'라고 생각하지만 미팅이 시작되는 시간이 되면 또 다시 도망치고 싶어지는 것입니다. 내 스폰서로 있는 아리마씨로부터

"나까지마씨 그렇게 피해 다니기만 하면 성공 못해"

라는 심한 한마디가 나에겐 약이 됐고 눈이 뜨여졌다는 것입니다.

2장에서도 조금 설명했지만 암웨이 비즈니스에서는 자신이 성공했다 하면 자신이 권유한 사람도 성공하게 됩니다. 그 때문에 미팅이 반복되고 강연도 하게 됩니다.

그렇지만 자신이 망설이고 있거나 도망다니기만 하면 도저히 다른 사람에게 '열심히 해'라고 말할 수 없습니다. 그러므로 나는 미팅이나 강연을 성실히 소화하는 사람에게 '저 사람은 성공할 수 있다'라고 생각하고 있습니다. 자신이 변해가지 않으면 성공을 잡지 못하고 평범하게 살아가게 되는 것입니다. 이것은 어떤 일에서든 마찬가지 입니다. 또한 성공하기 위해서는 '생각하는 방식'을 늘 좋은 쪽으로 할 필요가 있습니다.

사고방식이 긍정적인 사람은 즐겁게 살아갈 수 있습니다.

예를 들면 자신이 잘 되리라고 생각하고 한 일이, 결과적으로 좋지 않기도 한 일이 있습니다. 대부분의 사람은 '어째서! 안돼. 어떻게 하지?'라고 말하지만 사고방식이 좋은 사람은 이런 실패를 발판으로 하여 핵심을 파악하고 결국 좋은 방향으로 끌어갑니다.

반대로 사고방식이 부정적인 사람은 뭘 해도, 얼마가 경과해도 성공은 이룰 수 없습니다.

우선 솔직하게, 무엇이든 인정하는 것입니다. '거짓은 안돼', '이것은 싫어'라고 사물마다 부정만 하고 있으면 아무리 해도 안되는 것입니다.

훌륭한 사람, 성공한 사람이 있으면 존경하라고 까지는 할 수 없지만 인정하는 것입니다. 그렇게 하면 좋은 것이 '쏙-'하고 귀에 들어오게 됩니다. 이것을 인정하지 않고 부정만 하고 있으면 누군가가 아무리 좋은 말을 하고 있어도 좋은 정보가 그냥 지나쳐 버립니다. 참으로 안타까운 일이라고 생각하지 않습니까?

그리고 '잘 되지 않는다'고 생각하면 큰 마음 먹고 과거를 잊는것도 한가지 방법입니다. 그렇다고 해서 '지금 곧 어딘가 다른 땅에 가서 새로운 생활을 시작하라' 라든가, '기억을 잊어버리라' 라는 말은 아닙니다. 조금 환경을 바꿔보면 좋다는 얘기입니다.

인간은 환경이 변하면 기분도 변합니다.

예를 들어 당신집의 부엌이 지금 6칸 정도의 보통의 부엌이라고 합시다. 순간 온수기가 있고 가스렌지가 2개에, 냉장고에, 사이드 보드에, 전자렌지에 식사를 하기 위한 테블이 있고…라는 느낌.

거기서 사라다를 만들라고 하면 '아, 예예'하고, 별다른 감동도 없이 언제나처럼 사라다를 만들겠지요. 이것이 최신식 씨스템을 갖춘 부엌과 카운터가 붙어 있는 15칸 정도의 밝고 예쁜 다이닝 키친이라고 하면 어떨까요. 사라다는 물론 뭔가 다른 요리도 만들어 보고 싶은 기분이 들지 않을까요?

여기에 빨간불과 파란불이 있다고 합시다. 당신이 오늘까지 과거 30년간 빨간불이었다고 합시다. 그리고 과거 3년간 빨간불이 계속돼 와서 지금의 자신이 싫다고 합시다. 그러나 이대로 가면 또 마찬가지입니다. 그러므로 이미 이 빨간불은 버리고 이쪽의 파란불로 바꿔야 합니다.

지금의 당신은 과거의 당신이 있었기에 존재하는 것입니다. 수입, 사는방법, 사고방식 등 지금이 싫다면 이대로 그것을 반복하면 단지 타성일 뿐입니다. 그러므로 아주 단호하게 버려 버리는 것입니다.

원하고 바라는 쪽으로 방향을 잡아야만 합니다. 사람은 얼마든지 변할 수 있습니다. 후회없는 삶이 되기 위해서는 몇번이고 변해 보는 것입니다.

느닷없이 '사고방식을 바꿔라'라는 말을 들어도 '무엇인가 '핑-'하고 떠오르지 않는 사람에게는 '무엇이든 자신의 형편에 좋도록 생각해라'라고 말하면 조금은 이해하기 쉬울까요?

잘 되지 않을 때는 빨리 결론짓는 것도 중요합니다.

외출해서 뭔가 갑자기 볼 일이 생겨서 전화를 하지 않으면 안되었다고 합시다. 마침 공중전화가 있어서 급히 안으로 들어 갔더니 전화기가 고장나 있었습니다. 당신이라면 어떻게 하겠습니까?

보통이라면 조금 화가 나겠지요. 그렇지만 나라면 이렇게 생각합니다. '아! 이것은 지금 전화를 해서 이 일을 말하지 말라는 것이다.'라고 그리고 조금있다가 다른 전화를 찾는 것입니다.

'만약에 그 전화를 사용하였다면 그 일은 절대로 잘 되어가지 않았을 것이다. 그러므로 전화가 걸리지 않도록 나를 위해 고장나 있어 줬다. '와, 행운이다'라고 이정도로 자기 중심적인 발상을 합시다.

일어나고 있는 일을 무엇이든 이같이 생각하면 그 일이 잘 되지 않았다하여 녹초가 되어 버리지는 않을 것입니다. 그 정도 사고방식을 가지고 있어야만 다른 사람을 움직일 수 있는 굉장한 능력이 생겨지게 되는 것입니다.

리더의 조건

나도 그렇게 하여 언제나 자기 변혁을 해 온 덕택에 비즈니스에서의 성공도 빨랐다고 생각합니다.

그리고 자신의 네트워크도 꽤 넓어져 '파운더즈'를 받은 크라운 엠버서더 DD가 되었습니다. 그리고 파운더즈가 되면서부터는 자연히 생각하는 비중이 커지게 되었습니다.

예를 들면 '더욱더 해외로 넓혀 볼까'라든가 '어떤식으로 네트워크 전체의 커뮤니케이션을 꾀할까'라든가 하는 식으로 말입니다.

그룹 모두를 분발하게 하여 성공시키고 싶습니다. 물론 멀고 먼 일입니다. 그리고 힘도 듭니다.

어제 오늘 막 들어 온 디스트리뷰터들도 꼭 성공시키고 싶습니다. 그러기 위해서는 역시 리더가 되기에 걸맞는 인간이 되지 않으면 안되겠지요.

어떤 사회에서도 리더로 불리우는 사람은 직원들이나 멤버가 따를 수 있는 자질을 요구하게 됩니다. 그러기 위해서는 우선 행동으로 자신을 나타내는 것입니다. 그리고 자기그룹 전체를 움직이는 리더쉽의 능력도 필요합니다.

내가 잘하는 말에

"I will show You, You can do it"

이라는 말이 있습니다. 이것은 암웨이 창립자인 리챠드 M. 디보스가 함께 식사할 때 가르쳐 준 말입니다. 내가 해 보일테니까 당신도 할 수 있다.

내 경우 암웨이를 시작하고 나서, 나의 라이프스타일이 점점 변해졌습니다. 정말로 '세상에-'하고 말할 정도로 그런 의미에서 보면 나는 암웨이의 '살아있는 마케팅 플랜'이라고 할 수 있을지도 모릅니다.

입으로 '저렇게 하면 이렇게 된다. 이렇게 하면 저렇게 된다'라고 장황하게 설명하는 것 보다는 나의 실제 생활을 보면 잘 알 수 있기 때문입니다.

나의 삶의 방식 자체가 증거가 된다고 하는 것입니다. 이런 느낌으로 나는 암웨이에서 뭔가 이미 틀림없이 '굉장한 사람'이 되어 있지만, 그렇다 하여 내 주위의 사람들이 모두 나를 두려워 하느냐 하면 그런 일은 전혀 없습니다. 이것은 아마 틀림없이 나의 매우 대범한 성격이나 적극적인 면을 모두 잘 알고 있어서인지 마음을 편히 갖는것 같습니다.

그런 뜻에서 완벽한 것보다 다소 부족한 점이 있는 리더쪽이, 다운라인 쪽에서도 편할것 같다고 하는 것을 말씀드리고 싶습니다.

다만 리더라는 것뿐이지, 내가 특별한 사람은 더더욱 아닙니다. 그저 여러분과 마찬가지로 지극히 보통 사람입니다. 굳이 말한다면 보통 사람보다도 '표현의 장'이라고 하는 것을 갖고 있다는 점이 조금 다르지만 이것은 매우 고마운 일이라고 생각하고 있습니다.

누구나가 일상 여러가지 생활속에서 관찰력이라고 하는 것을 갖고 있을 것입니다. 그러나 거기서 자신이 감동하고 있지 않으면 아무것도 되지 않습니다. 가슴속부터 솟아나오는 뜨거운 기분, 물론 이것은 비단 암웨이 비즈니스에만 국한된 것은 아닙니다.

중요한 것은 '자신이 무엇을 하고 싶은가'입니다. '무엇을 할 수 있는가'가 아닙니다. 인간의 가능성은 무한합니다. 그것을 다만 나는 암웨이 비즈니스라는 장에서 표현하고 싶다고 생각하고 있고 단지 그렇게 할 뿐입니다.

나는 때때로 사람들로부터 이런 식으로 질문받을 때가 있습니다.

"나까지마씨는 크라운 엠버서더이고 연간 수억을 벌고 네트워크도 굉장히 크지요?"

"네, 그렇습니다"

"그렇다면 이제 일하는 건 그만두면 어때요. 어떤 아무것도 안해도 가만 있어도 돈이 많이 들어오잖아요. 그러니까 놀고 먹으면 좋지 않아요?"

물론 지금까지처럼 그렇게 피부가 꺼칠꺼칠하게 움직이지 않아도 됩니다. 눈이 충혈되도록 미팅이나 데몬스트레이션에 돌아다닐 필요는 더더욱 없는 것입니다. 모두가 나처럼 성공하고 싶어하기 때문에 결국 최선을 다하는 것이라고 생각합니다. 그리고 앞으로도 지금까지처럼 그렇게 할 것입니다.

마음이 전자 계산기처럼 되는 것은

다른 회사에서 세일즈를 하면서 상당한 실적을 올린 사람들이 암웨이에 들어오는 일이 자주 있습니다. 그래서 암웨이 비즈니스에서도 눈부신 활약을 하는가 하면 반드시 그런 것만도 아닌 경우도 있습니다.

그리고 평범한 가정주부나 자유직업의 사람들이 오히려 상위라인의 핀레벨에서 활약하기도 합니다. 그것이 암웨이 비즈니스의 재미있는 부분이기도 하지만 말입니다.

톱 세일즈맨들이 잘 안되는 이유는 자타가 공인하는 판매왕이었기 때문에 자부심이 대단합니다. 그래서 지금까지의 자신이 하던 방법을 고집합니다.

그러므로 왜 잘 되어가지 않는가 하는 이유를 모릅니다. 암웨이에서 성공하고 싶다고 생각하는 것은 좋지만, 처음부터 어깨에 힘이 지나치게 많이 들어가면 욕심부리는 것이 환히 들여다 보입니다.

그리고 결과라고 하는 것은 '이건 이상한데－'라고 하는 초조한 기분과 악순환을 낳습니다.

정말로 상대를 위해서 생각하고 상대의 성공과 꿈이 이루어지는 것을 바래서 암웨이를 권유하는 것이 아니고 단순히 자신의 실적을 꾀하고 있다고 하면 잘 될리가 없습니다.

돈만을 생각하고 마음이 전자계산기같은 인간관계 '수전노'라고 생각될 뿐입니다. 또 '당신의 꿈은?'이라고 물었을 때, '하여간 돈만 갖고 싶다'라고 하는 사람이 있는데 이런 사람도 '전자계산기' 타입입니다.

'암웨이를 해 봤지만 바로 그만뒀다'고 하는 사람은 아마 이런 타입의 사람이 아닐까 생각됩니다.

꿈보다 먼저 막연한 욕망이 앞서거나 꿈을 목표로 한다는 것은 비현실적이다라고 당신은 생각합니까? 그렇지만 실제로 암웨이에서 성공하고 있는 것은 '현실적'인 돈을 계산하고 있는 사람보다도 '비현실적인' 꿈을 갖고 있는 사람들 입니다. 다만 그들은 꿈을 갖고 있는 것 뿐만 아니라, 그것을 현실의 것으로 하려고 언제나 노력합니다.

나는 '번뜩임'이라는 말이 좋습니다.

그리고 내 자신도 잘 번뜩이는 직감에 따라 움직이는 편입니다. 여러분 중에도 그런 사람은 많이 계시겠지요. 그렇지만 중요한 것은 번뜩이거나 직감하거나 하는 것만 가지고는 안됩니다. 정말로 중요한 것은 번뜩이거나 상상하는 것을 실현하기 위한 노력입니다.

'실현시키는 행동력'이라고 할까?.

그러므로 꿈을 갖고 있는 사람은 그것을 현실화하기 위한 노력도 함께 가져야 한다고 생각합니다.

성공으로 인도하는 것

우리들을 성공으로 이끌어 주는 것은, 비유하여 말하면 일종의 전파와 같은 것입니다.

눈에 보이지 않고 만질 수 없습니다. 그러므로 제대로 잡을 수 있도록 항상 안테나를 팽팽하게 당기고 다이얼도 조율해 둘 필요가 있습니다.

이 전파가 예를 들면 주파수 88.5라고 합시다. 지금의 자신이 뭔가 잘못되어있지 않은가 생각하는 사람은 다이얼이 87.5 정도로 이그러져 있어 잡음이 찌~ 찌~ 하고 있는 상태입니다.

그러면 이 잡음의 정체는 대체 무엇인가 하면 결코 자기자신 때문만은 아니고 외부로부터의 여러가지의 방해 전파 때문입니다. 이미 그런 것에는 절대로 구애받지 않으려면 언제나 성공에의 다이얼은 틀림없이 조율해 두어야만 합니다.

그렇게 해 두기만 하면 다음은 그 전파를 따르기만 하는 것으로 우리들을 성공으로 이끌어 준다는 것입니다. 나도 그 전파에 의해서 이제까지 계속 일해 오고 있습니다.

그렇게 하여 자신의 라이프 스타일을 뒤돌아 볼 때 나는 재작년보다는 작년, 작년보다는 금년이 훨씬 좋게 되어 있는 것으로 생각합니다.

그러나 그동안, 언제나 '지금이 최고다'라고 생각해 왔는데도 말입니다. 내년은 틀림없이 금년보다도 좋게 되겠지요. 또한 그렇게 되는 것이 최선이지만 말입니다. 당신은 어떻습니까? 조금씩이라도, 좋게 되어 있다고 생각합니까? 그렇지 않으면 거의 변함이 없습니까?

피아노를 떠올려 주십시오. 같은 도라면 도만 계속 도도도도하면 느낌이 줄어 들지요. 정확히 도, 레, 미, 파, 솔, 라, 시, 도 적으나마 반음씩이라도 올라가야지요.

당신의 인생을 불경처럼 변화없는 선율로 채우는 것도, 아름다운 선율로 채우는 것도, 당신이 하기에 달렸습니다. 그리고 그것은 찬스를 끝까지 지켜보는 눈과 그것을 잡는 용기만 있으면 매우 간단한 일입니다.

제 4 장

감동이 모든 것의 키워드

My Success, My Amway

시간의 풍부, 벗의 풍부, 돈의 풍부

'only one'이 되어 그 지위에 걸맞는 수입이 있으면 어떤 경우에도 돈으로 인한 난처한 상황은 없습니다.

쇼핑을 가서 깜빡 가격표를 잘못 보고 스웨터를 2만엔으로 살려고 했더니 20만엔이었던 그런식의 일이 자주 있었습니다만, 그렇다해도 '그렇다면 살수가 없지, 다음에 사야지'하고 돌아서 나오는 경우는 없습니다. 잘못본 만큼 더주고 사가지고 나오면 그만입니다. 또한 불쑥 들어간 뷰티크에서 마음에 드는 자켓이 두벌 있어서 '어떤 것으로 할까'하고 망설일 필요없이 두벌 모두를 사와도 아무렇지도 않습니다.

그러므로 돈에는 집착을 갖고 있지 않습니다.

재테크 등에도 흥미가 없습니다. 지금 살고 있는 맨션에는 내실과 사무실이 있는 임대계약입니다.

또한 선불리 별장 등을 지어서, 관리에 신경쓰는 것보다 호텔에 가는 편이 쾌적하지요. 갖고 싶은 차는 샀고, 자신이 운전하는 것보다 택시나 전세 자동차 쪽이 즐겁고 안전하다고 생각합니다. '부자가 되고 싶다'라고 하는 것은 이미 나의 꿈이 아닙니다.

나는 자주 'time rich, friend rich, money rich'라는 말을 사용합니다.

암웨이 비즈니스를 시작하고 나서 시간적으로도 금전적으로도 풍부해졌습니다. 그래서 친구에게도 도움을 주고 있습니다.

어떤 나라의 독재자처럼, 혼자만 부자가 되어 궁전같은 곳에 살며, 좋은 술과 좋은 음식을 즐기며, 미녀를 옆에 두고……

그러나 끊임없는 암살자의 그림자에 떨고 있는 따위의 생활은 매우 '풍요롭다'고는 말할 수 없습니다.

그렇지만 '더욱 풍요로운 생활을 하고 싶다'라고 생각하면 사람들도 때때로 다른 사람을 짓밟고, 희생해서라도 올라서려고 하지요. 암웨이에서는 그렇게 하여 부유하게 된 사람은 없습니다. 또, 부유하게 될 수도 없구요.

제품을 파는 것만이 아니고, 친구에게 혜택을 주지 않으면, 그리고 친구를 위해서 힘을 쓰지 않으면, 즐거워

하지 않으면 'money rich'도 'time rich'도 되지 않고 또 그렇게 될 수도 없습니다.

움직이면 성공은 따라온다

3월 7일은 나의 생일입니다.

작년 생일에는 호화 여객선을 빌려서 파티를 열었습니다. 매년 크리스마스부터 정월에 걸쳐서 홍콩에서는 파티시즌이라고 정해져 있습니다.

친한 친구들과 테니스 대회인, 〈가오루 컵〉은 1년에 2회 정도 열립니다. '금년은 어떤 상품을 걸까'하고 생각하는 것도 즐겁습니다. 나는 그래서 나의 네트워크의 사람들과 혹은 전혀 다른 분야의 친구들과 함께 즐기고 기뻐하는 것이 매우 좋고 그것이 가능한 것이 무척 행복하다고 생각하고 있습니다.

나의 네트워크 멤버들에게는 더더욱 성공하기를 바라고 그것을 위한 서포트도 하고 싶습니다. 물론 나자신도 '꿈의 실현'을 향해 더욱더 분발하고 싶습니다.

그러나 그것은 필사적으로 하는 것이 아니고, 어디까지나 즐겁게 하고 싶습니다. 모두와 함께 즐겁게 성공을 나누어 가지고 싶습니다.

암웨이 비즈니스가 '나누어 가지는 기쁨'이 있기 때문

에 나는 암웨이를 해 오는 것이 좋았다고 생각합니다. 지금까지 쌓아 온 네트워크가 있으면 거기에서의 수입으로 나는 이미 아무것도 하지 않아도 어딘가 외국등에서 조용히 놀고 먹고 지낼 수도 있겠지요.

그렇지만 년중 연설이다 미팅이다 하고 여기저기 뛰어다니고 있는 것은 역시 그 자체가 즐겁기 때문이고, 그렇게 해서 즐거워 하는 것이야말로 수입이나 지위, 명예 등이 그 뒤에 따라 오는 것입니다. 행동을 하면 성공은 뒤따라 오는 법입니다.

'운'이라는 말이 있습니다. 보통의 사람들은 활동이나 노력도 없이, '운'에만 기대고 있는것 같습니다.

나에게 물으면 '운'이라는 것은 글자 그대로 움직이는 사람의 승리라는 것입니다.

암웨이를 예로 들자면, 세제를 충분히 전파한 사람은 핀레벨도 마구 올라가 운도 따라오는 것입니다.

'운 자체는 있는가 없는가'라고 물으면 '운'은 있다고 생각합니다. 그렇지만 그것은 모두 자기 자신이 무의식적으로 도전하고 있는 것이라고 생각합니다. 자고 있어도, 깨어 있어도, 웃어도, 울어도 해는 뜨고 지는 것입니다. 우리들은 그런 흐름 속에서 살아가고 있는 것입니다. 그 속에서 얼마나 자신이 움직이고 적극적으로 도전하고 있는가가 열쇠입니다.

결론적으로 자신이 한 일은 자신에게 되돌아 온다는

얘기입니다.

타인이 한 일이 자신의 운에는 어떤 영향도 주지 않을뿐더러 운이라는 것은 기다리고 있기만 한다면 죽을 때까지 기다려도 절대 오지 않는다는 사실입니다.

운은 움직이지 않으면 볼수도 잡을수도 없는 것이라고 생각합니다.

예를 들면 어느 잡지의 '별자리 운세'에 '7월은 운수대통한 달'이라고 쓰여져 있었다고 합시다. 대부분의 사람들은 이것으로 천하를 얻은 듯이 기뻐하고 '어떤 행운의 일이 일어날까'하고 가슴 설레며 7월을 보내지만 이것 또한 대부분의 경우가 자신이 움직이지 않고는 결코 좋은 일 따위는 일어나지 않는다는 사실입니다.

이것은 잡지의 기사가 설명이 부족하기 때뿐이라고 나는 생각합니다. 결국 이것은 어떤 말인가 하면 '7월은 운수대통한 달'이라고 하는 것은 '7월에 최고의 상태로 될 것이므로 그때까지 뭔가 해 두어라'라고 하는 것입니다. 그 사람이 미리 뭔가 움직일 것을 전제로 하여 '그렇게 하면 7월은 최고가 된다'고 말하고 있는 것입니다.

따라서 누워 있기만 하는 노인에게 '7월은 운수대통한 달'이라고 해도 그행운의 범위는 한정되어 있겠지요. 당신이 어느 회사의 영업사원이라고 합시다. 거래처에 빈번히 돌아다니며 몇번이고 상대방의 높은 사람과 교섭하여 드디어 거래가 성사되었습니다. 모르는 사람은 '운이 좋다'라고 할지도 모르지만, 당신이 그 회사에 발을 '옮겼기' 때문이지요.

성공을 바라는 사람은 '운'을 기다리기 보다는 우선 자신이 움직이는 것이 중요합니다.

사람과 돈은 모이는 곳에 모인다

세상은 'Give and Take'라고 하지만 받는쪽 보다는 우선 주는쪽으로 합시다. 그것도 되도록이면 주는쪽의 부등호를 크게 하는 것이 비즈니스 코스라고 하는 것이지요. 더욱더 초점이 빗나간 'Give'나 자신도 어떤 것도 할 수 없으면서 'Give'를 강요하는 것은 단지 쓸데없는 참견밖에 되지 않음에도 불구하고 말입니다.

100엔의 'Give'가 있으면 어쨌든 90엔의 'Take'가 있을지도 모릅니다. 그렇지만 그것은 시간이 흐르는 중에 120엔이 되기도 하고, 200엔이 되기도 하지요. 열사람에게 기쁨이나 행복을 주게되면 그것이 또한 수십명 분의 즐거움이나 행복이 되어 내게로 되돌아 오는 것입니다.

사람도 돈도 메아리와 같은 것입니다. 던지면 던진만큼 반사되어 오고 그 크기는 정비례합니다. 그러므로 '그런 사치를 해서'라고 생각되는 일도 긴 안목으로 보면 결코 쓸데없는 일은 아닙니다.

예를 들면 하이클래스의 일원이 되어 여행을 하면 틀림없이 경비는 듭니다. 많은 사람들을 파티에 초대하면 그 경비 또한 상당합니다. 그러나 그만큼 하이클래스의 사람과 알게 됩니다.

그것을 생각하면 결코 낭비라고 할 수 없겠지요.

또한 돈과 사람이 닮았다고 하는 점에서는 둘다 '부화뇌동'한다는 것입니다. 둘 다 많이 있는 곳으로 모여 든다고 생각합니다. 이렇게 생각하면 돈을 많이 가진 사람이 점점 부자가 되는 이유가 이해 될 것입니다. 다만 내 재산은 어느 쪽인가 하면 돈보다는 사람 쪽입니다. 대체로 보통의 사람은 '당신의 재산은 무엇입니까?'라고 물었을 때, 집이라든가, 자동차라든가, 어디에 있을 때 산 물건 이라든가 하는 식으로 물질로 대답합니다.

간혹 '친구가 재산이다'라고 하는 사람도 있지만 그런 사람은 드물지요. 왜 '자기 자신이 재산이다'라고 말할 수 없습니까? 자기자신보다 중요한 것이 이 세상에 있을까요?

이런 말을 하면 '나까지마 가오루는 터무니없는 이기주의자이고 우쭐대는 사람이다. 자신의 일만 생각하지 않는가'하고 여러분의 화난 소리가 들려오는것 같지만, 그렇지 않습니다.

내가 하고 싶은 말은 이런것입니다. 예를 들면 '겨우 장만하게된 고급맨션이 재산이다. 이것이 가장 중요하다'고 하는 사람이 있다고 합시다. 그러나 그것은 '그 사람이 매우 열심히 돈을 모아서 샀기 때문에 손에 넣은 것이지요'라고 한다면 그 맨션을 살 수 있었던 그 사람 자신이 그 사람의 어떤 것보다도 재산이 되어야 하는것 아닐까요?

내게 제일 중요한 것은 '사이좋은 친구다'고 하는 사람도 같은 것입니다. 그 친구들에 끌려 잘 지낼 수 있는 그 사람 자신이 실은 그 사람의 훌륭한 보물인 것입니다.

이것은 내가 이 사업을 시작하고 나서 알게된 것입니다. 나도 그런식으로 보람있는 사업을 알게 되어 그것으로 성공하여 모든 것을 만족해 하면서 인생을 보내고 있는 자신이 지금으로선 내게 있어서 가장 큰 재산입니다.

나에겐 이와같은 철학이 있는한, 나는 틀림없이 더욱 더 많은 성공을 목표로 하여 더욱더 멋있는 시간을 보낼 수 있을 거라고 생각합니다. 부디 이 책을 읽고 있는 여러분도 자신의 제일 귀중한 재산은 '자기자신이다'라고 자신있게 말할 수 있었으면 합니다.

돈이 우선은 아니다

보통 일반사람들은 돈 이야기 하는 것을 그다지 공공연하게 말들을 하지 않는것 같습니다.

일부 예외적으로 오사카의 상인 중에는 어디까지나 인사로 하는 말이지만

"돈 많이 벌었어?"

라는 말이 있다고 하는 얘기를 들은 적이 있지만 그러나 보통 사람들은 돈 얘기라고 하는 것을 거의 숨겨 두고 있는 것 같습니다.

그렇지만 내게 돈에 대해 물으면 숨겨두는 쪽이 훨씬 나쁘다고 말 할 겁니다.

적당히 '돈이 필요하다'고 하는 것을 부끄럽다고 생각하는 기분을 버리는 것입니다.

누구든지 돈이 필요한 것은 사실이고, 풍요를 누리고 싶어 합니다. 그렇지만 모두 그것을 참고 '대충대충'으로 만족하려 합니다. 그렇지만 내 생각은 '더욱더 경제적으로 풍족해지고 싶다'라고 생각하면 '그것을 목표로 하여 그 목표를 위해 노력하면 되지 않는가'라고 생각합니다.

물질적인 욕망에 관한 일을 나처럼 성공한 사람이 말하면 혹시라도 이상한 일이 일어나지 않을까 우려하지요.

그러나 나는 조금도 그것을 무서워하지 않고 감히 말할수 있습니다. 나는 암웨이의 연설에서도 돈얘기를 자주 합니다. 그것은 자신의 꿈을 이루려고 분발하고 있는 디스트리뷰터들에게 더욱더 '풍부해지게'하기 위해 분발해야 하기 때문입니다.

이전에 하와이에 갔을 때의 얘기입니다.

일본에 돌아오려고 한 날에 때마침 태풍이 상륙하여 폭풍우가 불어닥쳐서 비행기가 뜨지 않을 것이라는 일기 예보가 있었습니다. 하와이에 태풍이 상륙한다고 하는 것은 매우 드문 일이기 때문에 나도 누구도 특별한 일이 없다고 했을땐, 그대로 하와이의 태풍을 즐기겠지요.

그러나 나는 일본에 돌아오는 다음날로 연설이 예정되어 있었습니다. 비행기가 뜨지 않으면 내 연설을 기다릴 수천명의 사람이 맥빠지게 될 것입니다.

그런데 연설 당일, 나는 여느때처럼 단상에 서서 모두들 앞에서 연설을 할 수 있게 되었습니다. 어떻게 하여 내가 돌아 올 수 있었는지 아십니까?

그것은 비싼 요금을 낸 first class였기 때문입니다. 제일 비싼 요금을 낸 first class사람들에게 만이라도 어떻게든 가게 하려고 비행기 회사가 여러모로 손을 썼기 때문입니다.

'돈이 없다'고 하는 것은 부끄러워 할 필요는 없습니다. 없는 것을 없는 그대로 보여주는 것, 뭔가 '대충대충하여 벌려고 하는 쪽이 부끄러운 것은 아닌가'라고 나는 생각합니다.

마음의 풍요를 소중히

돈의 소중함은 모두 잘 안다고 생각하지만, 돈을 벌어 물질적으로 윤택해 졌다고 해서 그것만으로 진짜 풍요하다고 말할 수는 없습니다.

정신적 풍요함, 마음의 풍요함이 갖추어져야만이 진짜라고 말할 수 있을 것입니다. 그 지표의 하나로써 나는 자원 봉사자에 대해 말하고 싶습니다.

미국을 시발로 하는 구미선진국에서는 상류계급이나 돈이 있는 사람일수록 자원봉사에 대해 관심이 높은 것 같습니다. 그것은 혜택받고 있는 사람이 그렇지 않은 사람들에게 물질로 베푼다는 것같은 값싼 이유 때문만은 아닙니다.

부를 지닌 사람, 지위나 명성이 있는 사람 등 물질적인 풍요의 고마움을 알고 있는 사람은 그것과 마찬가지로 마음의 풍요함의 존귀함을 알고 있다는 것입니다. 1엔의 고마움과 1억엔의 훌륭함의 양면을 알고 있는 사람들이라고 하면 알기 쉽겠습니까?

그런 사람이 많은 사회는 성숙한사회라고 말할 수 있습니다.

일본은 명실공히 세계에서도 세번째가라면 서러울 만큼 경제대국입니다. 그리고 풍요함과 더불어, 틀림없는 평화스런 나라라고 많은 사람들은 생각하고 있습니다.

그러나 물질적으로는 풍요롭지만 정신적 풍요함이라는 점에서 보면 아직 풍요로운 사회라고는 말할 수 없습니다. 그 좋은 예가 맹도견의 수입니다.

나도 놀랐습니다만, 현재 미국에는 약 1만마리, 영국에는 약 4,000마리나 있는 맹도견이 일본에는 겨우 750마리 정도라고 합니다. 이것으로는 사회적 문화적으로 풍요한 사회라고는 도저히 말할 수 없습니다. 일본이 이런 것에서 다른 나라들보다 뒤떨어져 있다는 것은 나 개인으로서도 매우 유감입니다.

비록 지금은 그렇지 않지만, 나자신도 몇 년 전까지는 그런 것에 관한 것은 아무것도 모르고 생활하고 있었습니다. 내가 자원봉사 일에서 특별히 맹도견의 일을 절실히 생각하게 된 것은 한마리 맹도견과의 만남이 계기가 되었습니다.

어느날, 내가 지방 강연에서 돌아왔을 때의 일이었습니다 비행기가 공항에 도착하여 타고 있던 사람들이 자신의 수하물을 선반에서 내리면서 밖으로 나오려고 떠들썩하기 시작할 때, 한마리의 맹도견이 그때까지 앉아있던 곳에서 '쑥-'하고 일어섰습니다.

그리고 자신의 주인을 앞장서서 안전하게 밖으로 나가는 것이었습니다. 그것을 본 순간 나는 뭔가에 매우 감동해 버렸습니다. 감동하면 잠자코 있지 않는 성격이므로 집에 돌아와 제일 먼저 한 것은 친구 그리고 아는 사람에게 전화를 걸어, 이 감동적인 맹도견의 얘기를 전했던 것입니다. 그리고 그것으로만 그치지 않고 '일본 맹도견 협회'와도 연락하여

"감동했습니다. 뭔가 내가 할 수 있는 일을 시켜주십시오"

라고 졸랐습니다. 우선 그 자리에서 100만엔을 기부했습니다만 후에 협회의 사람으로부터

"맹도견 1마리를 교육하는데는 300만엔이 듭니다"라는 말을 듣고 깜짝 놀랐습니다.

게다가 구미에서는 국가나 공공기관 등의 원조가 있는 것이 보통인데, 일본에서는 거의 개인 기부에 의존할 수 밖에 없다는 사실에 또한번 깜짝 놀랐습니다.

그 이후 나는 암웨이의 강연에서는 물론이고 기회있을 때마다 맹도견을 위한 기부를 여기저기에 호소하고 있습니다. 나는 특별히 일본 맹도견협회의 특별한 후원자도 아니지만 여기서도 잠깐 여러분에게 부탁하려고 합니다. 일본에서는 아까 말한 것처럼 맹도견 수가 아직도 너무나 부족합니다. 부디 여러분의 선의의 협력을 부탁합니다.

지역사회에 융합되는 기업

우리들은 지금까지 각종 혜택을 사회로부터 받아 왔습

니다. 그리고 지금이야말로 그것을 사회에 환원해야겠지요.

'풍요하게 된 만큼 사회에 환원한다.'

이런 균형감각이 중요한 것입니다. 그리고 이것은 지금부터는 기업을 경영하는 사람에게 특히 필요한 것이라고 생각합니다. 그것과 함께 오늘날의 기업들은 시민속에 융화하고 시민에게 사랑받는 기업이 되어야만 할 것입니다. 암웨이는 이러한 일들을 벌써부터 시작하고 있다고 나는 알고 있습니다.

본사인 미국의 암웨이 코퍼레이션은 일찍부터 그런 것을 기업이념 속에서 성장시켜 온 것 같습니다. 여러가지 문화사업에의 지원을 필두로, 환경문제의 적극적인 사회참여를 해왔던 것입니다. 이런 일련의 활동을 통해서 암웨이는 1989년에 'UN환경보호공로상'도 수상했습니다. 훌륭한 일이지요.

이것을 배워, 일본에서도 암웨이는 지금부터 점차 '사회적으로 인정받는 기업'으로 나아가려고 하고 있습니다. 그런 점을 필두로 하여 회사내에 '암웨이 자연 센타'를 설치하여 환경문제에 적극적으로 참여하고 있습니다.

구체적으로 어떤 일을 하는가 하면, 전국의 디스트리뷰터를 통해 통상의 암웨이 제품과는 별도로 캠페인용으로 개발한 Ecology 상품을 판매해서 그 수익을 전부 환경보호 활동을 지원하기 위해 사용한다고 하는 것입니다.

'그런 일은 회사가 하는 좋은 일이겠지요. 나와는 관계 없어요'라고 말하는 사람은 분명히 시대에 뒤쳐진 사람입니다. 지금부터는 지구에 관한 문제는 우리들 하나하나가 진지하게 생각해 나가지 않으면 안되는 것입니다.

한가지 재미있는 얘기를 하지요.

나는 몇 년 전, 비즈니스 일로 10일 정도 시카고에 갔던적이 있습니다. 내가 시카고에 갔을 때, 마침 NBA의 우승 결승전이 열리고 있어 미국은 크게 떠들썩했습니다. NBA라는 것은 전 미국 농구협회의 일이고 농구에 전혀 흥미없는 쪽에서 보면 지루한 느낌이지만 미국에서는 그야말로 일본으로 말하면 스모와 같은 스포츠이겠지요.

그 중의 피닉스와 시카고가 두 리그를 대표하여 마치 일본의 프로야구, 일본 리그와 같이 결승을 하고 있을 때였습니다. 그 게임이 절정을 이루고 있을때 NBA로부터 뜻밖의 공식발표가 있었습니다.

나는 그 공식발표와 기자 회견의 기사가 실린 신문을 다른 사람으로부터 받아서 갖고 있었는데 그것에 의하면 내년도부터 NBA의 공식 비타민으로, 그러니까 전 선수에게 공급되는 비타민류와 영양보조식품으로 전부 암웨이의 제품이 지정된 것입니다.

또한 그것뿐 아니고 NBA 전시합의 프로그램에 암웨이의 광고가 게재되게 되었다고 합니다. 게다가 NBA에서 상을 탄 사람에게는 암웨이가 공식 스폰서로서 설비나 자금등의 모든 후원을 한다는 것입니다.

이것을 듣고 현기증이 나지 않는 사람을 위해서 이해하기 쉽게 예를 들지요. 일본으로 말하면 스모대회의 대전표등에 암웨이의 광고를 싣는 일을 스모협회가 허가하고 모든 스모선수에게는 암웨이가 스폰서가 된다고 하면 조금은 이해가 되시겠습니까? 기사 중에는 이외에도 미국에서는 암웨이는 인터카레이스나 내셔날 스키팀의 스폰서도 되어 있었다고 쓰여져 있었습니다.

이런 일은 사회적으로 인정되고 있는 기업 외에는 허용되지 않는 일입니다. 암웨이가 피라미드 방식이나 그 외에 수상쩍은 일을 하고 있는 회사였다면 NBA가 스폰서 등을 시킬 이유가 없겠지요.

NBA만이 아니라 어디도 마찬가지입니다. 미국의 암웨이사장이나 스텝들은 이것은 기업의 이미지 향상에 무엇보다 중요한 일이라며 기뻐하고 있었던 것 같은데 나도 매우 잘된 일이라고 생각합니다.

이것이 일본에 보도가 된다면 암웨이를 이상한 눈으로 보는 사람이 줄어 들지 않을까 하는 생각이 들었습니다. 그리고 빨리 일본에서도 이런 식으로 국가나 지역사회에 기여하는, 사회적으로 인정받는 기업이 됐으면 하는 생각입니다.

게으르고 태만함 속에 행복은 없다

인생을 80년이라고 말들 하지만, 1/3은 수면으로 보내고 그리고 그나머지 한정된 시간속에서 얼마만큼의 일을 할 수 있습니까? 적당히 일해서 적당히 행복하게 살면 된다라고 생각하면 '시간이 아깝다'라는 것은 생각하지 않고 지낼 수 있습니다. 암웨이에서는 '협의에 협의' 그리고 '리허설'이 자주 있습니다. '9시부터 시작하자'라고 정해지면 9시에는 꼭 시작해야 한다고 생각하지만, 대부분은 '9시에 왔다'는 것이 '정확히 시간을 지켰다'는 것이 되지요.

'이제 슬슬할까요?'라고 할 때 쯤이면 시계는 9시 반, 10시 반……

내게는 그 시간이 참으로 아깝습니다. '이 만큼의 시간이면 여러가지 일을 할 수 있을 텐데'라고 생각지 않을 수 없습니다.

나는 힐티의 행복론이 좋아서 강연 등에서 자주 인용합니다만, 거기에 있는 것처럼 '인간은 일을 하지 않을때는 매우 불행한 상태에 있다'고 생각합니다.

게으르고 나태한것도 좋지만, 게으르고 태만함 속에서는 행복이란 있을 수 없습니다.

하루 24시간 중 자는 시간을 가령 7시간이라고 하고 나머지 17시간…

그 중 대부분의 사람은 나머지 시간을 일로써 대부분을 차지하고 있습니다. 그 대부분을 차지하는 일이 즐겁지 않다면 이미 잘못된 것입니다.

좋아하는 일을 하고 있는가? 그렇지 않은가가 문제입니다.

아무 것도 생각하지 않고 가만히 있는 것도 때로는 좋지요. 그렇지만 1년 내내 열심히 일하고 '아아 열심히 했구나. 충실했구나'라고 생각하기 때문에 행복을 느끼는 것입니다.

나는 슈퍼맨이 아니므로 아무래도 한 달에 한번쯤은 '휴일'이라는 것이 있습니다. 여기까지 읽으신 분은 이미 충분히 이해하리라고 생각되지만, 내 비즈니스는 어디부터 어디까지가 일이고 어디부터가 일이 아닌지 잘 알 수 없는 비즈니스입니다. 그렇지만 '아무것도 하지 않는 날'이라는 것이 나에게도 존재합니다.

그런 날은 대부분 집에서 충분히 휴식을 합니다. '양지바른 곳에서 햇볕쬐기를 하면서 빈둥빈둥한다'라고 하는 것은 지금의 나에게 있어 매우 사치스럽다고 생각됩니다.

다만 이것도 언제나 이런 일을 하고 있는 것으로는 그저 한가한 사람이 되어 버리니까 역시 '가끔씩'이라는 것이 중요하겠지요.

전차에 타고 있을 때도 정신없이 자고 있는 것이 아니

고 '뭔가 재미있는 일은 없을까?' '뭔가 좋은 아이디어는 없을까?' '다음엔 무얼할까?'하고 끊임없이 생각하곤 합니다.

그러므로 신간선이나 이동중인 차 속에서 번뜩이는 생각이 자주 떠오릅니다.

누구에게나 평등하게 하루 24시간,

같은 시간이 있는데도 성공하는 사람과 그렇지 않은 사람이 있습니다. 그것은 매일의 계속되는 생활중에서 참된 한시간 또는 1분을 어떻게 사용하는가가 사람의 차이가 아닌가 생각합니다.

시종 '바쁘다'라고만 말하는 사람은 시간에 구속된 사람입니다. 시간은 '사용하는' 것입니다. 그리고 시간을 잘 이용할 수 있는 사람은 비즈니스에서도 다른 대부분의 일도 잘 해낼 수 있습니다.

그것은 노는 것에 있어서도 마찬가지입니다.

예를 들면 한달에 한 번, 휴일에 2시간 걸려 골프장에 가서 1라운드 돌고 한잔 마시고 돌아오는 것을 즐길바에 차라리 하와이에 가서 하루쯤 골프를 즐기는 쪽이 훨씬 현명한 시간을 쓰는 방법이라고 생각합니다.

즐겁지 않으면 일이 아니다.

즐겁고 명랑하게 일하고 있는 회사에는 좋은 사원이 모여듭니다. 그러므로 당연히 발전합니다.

반대로 모두가 어두운 얼굴을 하고 있는 회사는 분명히 말해 위험하다는 생각이 듭니다.

암웨이는 틀림없이 밝습니다.

좋은 회사에는 좋은 사원이 모여 좋은 기업철학이 탄생한다는 견본과 같습니다. 특히 강연 등을 들어 보십시오.

'나는 이렇게 해서 성공했다'라고 하는 체험담을 들어 보아도 어두운 이야기는 들을 수 없습니다. 단상의 연설자들은 '이런 실패가 있어도'라는 실수를 재미있고 우스꽝스럽게 얘기하여 관객들이 가득 들어찬 NK홀이나 체육관을 뜨겁게 만듭니다.

내 연설은 거의 사전 연습없이 시작합니다.

내용의 7할은 연단에 서고 나서 정합니다. 왜냐하면 한달에 몇번씩하는 연설이고, 어린 애들이 우상을 따르는 것처럼 쫓아 다니는 사람도 있기 때문에 언제나 같은 이야기를 할 수도 없기 때문입니다. 그러므로 그날 있었던 일, 그때 느낀 것이 자료가 됩니다.

연설을 어떻게 하면 되냐고 나에게 물으면 '연설을 잘할 필요는 특별히 없다. 서툴러도 괜찮다. 단지 상대방을 헤아릴 자세만 있으면 서툴러도 통하고 얘기도 얼마든지 나온다'고 나는 말합니다.

진실을 과장되게 말하는 것과 멋을 부려 이상한 영어나 어려운 한자숙어를 사용하지 않는 것입니다.

그리고 이야기 내용은 자신이 얘기하고 싶은 것을 단지 제멋대로 떠드는 것이 아니라 자신이 그렇게 말하는 것으로 인해 다른 사람에게 도움이 되는 것을 말해야 한다는 것입니다.

또 하나 중요한 것은 듣고 있는 사람과의 평소의 인간관계입이다. 그것이 되어 있으면 당신이 다소 막혀도, 시시한 개그를 해도 모두 즐겁게 들어줄 것입니다. 나는 원래 말주변이 좋은 탓도 있지만, 연설에서 연단에 서서 자신이 본 것, 들은 것, 실패한 얘기를 하면 듣는 사람들이 모두 즐거워 했고, 참고하고 싶어합니다. 그것은 연설만이 아니고 내 비즈니스의 '방식'이었다는 생각도 듭니다.

여러차례 각국의 암웨이사로부터 특별 연사로 초대되어 연설하곤 합니다.

내 영어 실력은 말할 것도 없이 제로에 가깝지만 그런 것을 무시하고 많은 연설을 합니다. 물론 통역이 있기 때문에 내 말은 그나라 말로 옮겨지지만 그렇다고 마음을 놓을 수는 없습니다. 나는 영어를 할 수 없기 때문에 부자연스러운 경우가 많이 있습니다. 그것은 보통의 경우처럼 일본내에서 하는 강의였다면 나는 얼마든지 즉흥적인 대사로 원하는 것을 얘기할 수 있었을 것입니다.

연설은 '흐르는 물'과 같지 않으면 안된다고 하는 것이 내 생각이며, 그렇기 때문에 생각난대로 있었던 일이나 느낀 것을 막힘없이 척척 할 수 있습니다.

그렇지만 통역이 붙게 되면 아무래도 '이런이런 것을 얘기한다'는 것을 미리 확인하고 가르쳐 주지 않으면 안 됩니다. 나는 기본적으로 청중들의 기분이나 분위기, 반응 등을 보면서 그것에 맞춰 얘기하곤 합니다. 그런데 미리 할 얘기를 정해 두면 그렇게 할 수 없기 때문에 연설하기가 매우 힘이 듭니다.

그러므로 외국에서 연설할 때는 할 얘기를 정하고 무대에 올라서게 되는데 막상 회장을 둘러보면서 '아! 분위기 다르다. 이것은 얘기하고 싶지 않다'라고 생각되어지는 경우가 자주 있습니다.

게다가 아무리 잘하는 통역이 곁에 있어도 나의 독특한 얘기 방식이나 사이사이의 말끊는 솜씨까지는 통역할 수 없는 것 같습니다. 혹시라도 내가 지금부터 본격적으로 각국 암웨이의 연단에 서려고 생각한다면 내 전문 통역을 채용하는 것이 좋을지도 모릅니다.

그래서 나의 버릇이나 사고방식 따위를 교육해서 그 장소에서 내가 즉흥적으로 뭔가를 말해도 'OK'라는 정도가 되면, 이렇게 편리한 일은 없겠지만, 정말 말이라는 것은 어려운 것입니다.

내 자신이 영어를 생각한 대로 말할 수 있게 되는 것이 가장 성가시지 않고 좋을지도 모르지만 그것은 생각뿐이고 요원할 뿐입니다.

최근 미국에서 암웨이 창설자의 한사람인 리챠드 M. 디보스의 책이 출판되었습니다. 제목은 'Compassionate Capitalism'이라고 일본어로 번역하면 '더불어 사는 자본주의' 정도가 된다고 하더군요. 그 속에 내 얘기가 써 있는 페이지가 있습니다. 내가 자주 예화로 사용하는 이야기가 실려 있습니다.

그런데 이 예화를 영어로 옮겨 놓았기 때문에 만약 일본인이 영어로 이 예화를 읽게 된다면 그 의미나 감동이 조금은 축소되거나 왜곡될 것이라고 생각합니다. 내가 외국에 갈 때 JAL을 이용하는 것은 역시 말이 통하기 때문이라는 것이 가장 큰 이유입니다. 물론 서비스도 좋다는 것을 JAL의 명예를 위해 덧붙여 둡니다.

영어를 할 수 없었기 때문에 곤란했던 경우도 여러 번 있었지만 그것도 지금에 와서는 우스운 이야기일 뿐입니다.

나는 이 일이 좋아 그런 작은 고통 정도는 감수할 수 있기 때문이지요. 역시 나에게 있어 일은 즐거운 것이고, 반대로 말하면 즐겁지 않으면 일이 아닌 것입니다.

지금이 바로 인생의 전성기

10대, 20대쯤 인생의 전성기를 맞아 그대로 조금씩 전락해 가는 사람이 있는가하면 50대, 60대가 되고 나서야 한창 왕성한 시기를 시작하는 사람이 있습니다.

암웨이에는 정년 퇴직 후에 디스트리뷰터가 되어 '처음으로 나에게 딱 맞는 일을 발견했다'고 하는 사람도 있습니다. 나는 언제나 '지금이 인생의 전성기'라고 생각합니다. '나이가 들어 이미 할 수 없다'라든가 '이 나이에 아직 무리다'라는 일은 없습니다. 채플린은

"당신의 대표작은?"

이라는 물음에 '그것은 다음 작품이다'라고 했다던가요? 언제까지나 꿈을 계속 갖고 사는 사람은 좀처럼 나이를 먹지 않습니다.

지금 나의 꿈은 우선 암웨이에서 '더블 크라운 앰배서더'가 되는 것입니다.

물론 현재, 그런 핀 레벨은 없습니다. 그런 포지션을 내멋대로 만들어 목표로 삼은 것입니다.

그리고 내 회사의 빌딩, '헤켈 빌딩'을 세우는 것입니다.

1층은 미팅룸, 2층은 사무실, 3층은 가게가 될 것입니다. 이런 빌딩은 지금 당장이라도 세울 수 있지만 말입니다.

허풍이라고 생각할 지도 모르지만, 나는 지금까지 그 '허풍'을 실현시켜 왔습니다.

어릴 때부터 '이런 장난감이 갖고 싶다' '이런 자동차가 갖고 싶다' '이런 사람이 되고 싶다'고 한 것은 전부 이루어 왔습니다.

그 비결이랄까 방법이랄까, 그것은 역시 거듭 강조하건대 사고 방식의 차이 하나 뿐입니다. 그것은 '원인이 결과를 만든다'는 생각을 잠시 버리고 '결과가 원인을 만든다'라고 생각해 보는 것입니다.

그렇지 않으면 원인만 있고 결과는 있을지 없을지 모르게 되기 때문입니다. 어쨌든 결과를 우선 염두에 두고 그것을 위한 원인을 만드는 일은 자신이 하는 것입니다.

그것은 어떤 말인가 하면 만약 암웨이에서 당신이 디스트리뷰터가 되어 비즈니스를 시작했다고 합시다. 그것이 '원인'입니다. 당신이 비즈니스를 시작한 것이 원인이 되어 그 이후 점점 상위라인의 핀레벨이 되는 '결과'를 낳을 지도 모릅니다. 또는 자신이 제품을 쓰는 것만으로 만족하고 단지 디스트리뷰터 상태로 있는 '결과'를 낳을 지도 모릅니다.

이 '일지도 모른다'고 하는 것이 포인트입니다.

원인만으로는 그후 어떻게 되어 어떤 결과가 될 지 누구도 예상할 수 없습니다. 그러나 결과를 먼저 설정하면 원인은 저절로 정해지니까 결과도 쉽게 나오게 되는 것입니다.

예를 들면 여러분이 이 사업을 시작할 때, 우선 '더블다이아몬드가 된다'고 하는 '결과'를 먼저 설정합니다. 그러면 더블다이아몬드가 되기 위해 몇 개의 계열을 독립시켜 얼마의 포인트를 올려야 한다는게 나오겠지요.

다음은 그 '원인'을 실행해 가기만 하면 되는 것입니다.

이런 사고 방식만 제대로 숙지하면 대부분은 이룰 수 있다고 하는 것이 내 지론입니다.

내가 수억대의 돈을 가질 수 있게 된 이유 중 하나는 이 사고 방식에 있었다고 생각합니다.

생각대로 될수 있다

'성공철학'이라는 말이 있습니다.

'나는 이렇게 성공했다'고 하는 나만의 방법이지요. 나의 성공철학을 얘기한다면 '할 수 있다'고 생각하는 것입니다. '할 수 있다고 생각하면 가능하다'는 것입니다.

자신의 꿈을 강하게 설정한 것은 반드시 현실로 나타납니다. 실제로 나는 암웨이 사업에서 그렇게 해서 성공한 사람을 주위에서 몇십명이나 보아왔기 때문에 분명히 그렇게 말할 수 있습니다. 나는 암웨이 사업을 통해 '인생이란 변한다'라고 하는 것을 많이 실감했습니다.

나의 좌우명은 '괜찮다'입니다.

무슨 일이 있어도 '괜찮다, 괜찮아, 틀림없이 할 수 있어, 반드시 잘 될 거야'라고 하면서 자신이나 친구들을 격려합니다.

내가 이렇게 말하면 이상하게도 모두들 정말 괜찮을 것 같은 기분이 드는 모양입니다. '괜찮다'는 말이 듣고 싶어 전화를 해오는 그룹 맴버도 적지 않을 정도입니다. 내가 작곡한 'Good bye morning' 중에 이런 가사가 있습니다.

'Something just told me I find myself'

자기 자신의 힘을 알고, 자기 자신을 발견하고, 스스로 자신을 갖고 '나는 괜찮다'고 자신을 믿는데서부터 모든 것이 시작됩니다. 자신을 믿을 수 있으면 자신의 꿈도 믿을 수 있게 되는 것입니다.

타인이나 회사, 그밖의 어떤 이유로든 꿈을 단념하는 것은 간단합니다. 그렇지만 문제는 그런 환경이나 이유에 있는 것이 아니라 그것에 맞춰가는 자기자신, 싸우지 않는 자기자신에게 문제가 있는 것입니다.

꿈은 계속 꾸고 있는 한 '힘'이 됩니다. 그래서 그것이 이루어졌을 때 그것은 감동으로 변합니다.

우리는 살면서 몇번쯤은 감동하게 되지요. 그러므로 어떤 일이 있어도 꿈을 향하여 전진하는 것입니다. 뭔가에 실패해도 좌절해서는 안됩니다.

'하지 않았으면 좋았을텐데'라고 후회하는 것과, '했어야만 했어. 그랬으면 좋았을 텐데'라고 후회하는 것 어느 쪽이 후회가 더 클까요?

그것은 하지 않은 것을 후회하는 쪽입니다. 그러므로 어떤 일이 있어도 포기하지 말고 자신의 꿈에 도전하고 또 도전하십시오.

···후/기···

"성공하는 사람과 성공하지 못하는 사람은 어디가 다른 겁니까? 어디서 차이가 생기는 겁니까?"

이런 식의 질문을 받았을 때 나는 대개의 경우

"그것은 사고방식이나 습관의 차이죠"

라고 대답한다. 그러면 물어본 사람은

"그것 뿐인가요?"

하고 다소 실망한듯 한 표정을 짓는다. 어딘지 뭔가 '특별한 노력'이 필요하다는 해답을 여러분이 기대하고 있는 것 같다.

나는 비교해서 이야기하기를 좋아해서 남에게 뭔가 설명을 할 때는 흔히 비유법으로 이야기를 인용하는데, 그 중의 하나로 이런 이야기가 있다.

어떤 아파트 한채에 어머니와 어린아들이 살고 있었습니

다. 어느날, 그 아파트에 불이 났습니다. 자꾸 자꾸 연기가 퍼지자 주민들은 모두 옥상으로 올라 갔습니다.

그러나 거기에서 도망칠 방법은 하나 밖에 없습니다. 옆에 있는 아파트까지 외줄사다리를 걸쳐 놓고 그 사다리를 건너는 방법 밖에 없습니다.

뭐니 뭐니해도 사다리이기 때문에 발판 사이로는 수십미터 아래가 빤히 내려다 보입니다. 그래도 다른 사람들은 모두들 어떻게 해서든 그 사다리를 건너는데 그 어머니는 대단한 고소공포증(高所恐怖症)이 있어서 소방사가

"빨리 건너세요"

라고 해도 벌벌 떨기만 하며 도무지 건너려 하지 않습니다.

"나는 암만해도 못건너겠어요. 이젠 이렇게 된 이상, 여기서 죽더라도 하는 수 없어요!"

라며, 아들에게만 건너게 했습니다.

'죽을 각오가 되어 있다면, 건너 보려는 시도라도 해봐야 되지 않는가'라는 것은 보통사람들의 생각이고 고소공포증인 어머니에게는 '그런 무서운 생각을 하느니 차라리 죽는 편이 낫지' 하는 생각인 것입니다.

그러고 있는 동안에 점점 불길이 닥쳐 들었습니다 '이젠 다 틀렸구나!'라는 생각에 이르렀을 때에, 먼저 건너가 있던 아들에게 소방사가 '어머니 한테 가 봐라'하고 보낸 것입니다.

아들은 다시 한번 벌벌 기어서 어머니한테 갔습니다. 그리고 소방사가 어머니에게 이렇게 말했습니다.

"당신이 죽는것은 좋지만 아드님도 함께 죽게 됩니다. 그래도 좋습니까?"

어머니는 '앗차!'하고 정신이 들어 어린애를 안고 사다리를 건넜습니다.

사고방식 하나로 뭔가에 도전할 수도 있으며, '될 턱이 없지'하고 생각할 수도 있게 된다.

또 거꾸로, 될 수 있게 되어있는 일도 될 수 없게 되어버리는 것이다.

나는 본래 알지 못하는 사람이나, 많은 사람들 앞에서 자신있게 말을 할 수 있는 타입이 아니다.

해마다 연중(年中) 강연을 계속하게 된 지금까지도 강단에 오르기 전에는 다리가 후들후들 떨리는 때가 있다. 게다가 지금 이야기에 나오는 어머니와 같은 고소공포증인 것이다. 강단 위에 한층 더 높이 발판이 설치돼 있어서, 그리로 등장을 해서 —— 라는 식의 연출을 하게 되거나 하면, 올라가기만 하면 다리가 굳어져서 움직일 수 없게 되는 일까지도 있다.

그런 때에는 나자신에게 자문(自問)해 보곤 한다.

'뭣 때문에 이렇게 떨고 있는건가? 떨어지는 것이 겁나서

인가?'

'아냐. 떨어지면 대순가. 여기서 떨어져 봤자 죽을 것도 아닌데.'

그렇게 생각을 하자마자 확 기분이 편하게 풀려서 자연히 다리가 움직이기 시작한다.

그러고도 어쩐지 가슴이 두근두근해서 안정이 안될 때에는 또다른 자신(自身)」을 상상해 본다. 예를 들자면 자신이 작곡한 곡이 빌보드의 힛트챠트에서 1위가 되어 그래미상에 선발된다.

'그래서, 여기는 뉴욕의 라지오 씨티홀이며, 나는 지금부터 최우수곡의 작곡자로서 무대에 등장하는 것이다.'

이렇게 생각하면 또, 확 풀려서 걸어나갈 수가 있는 것이다.

'비즈니스로 발전이 있는 사람과 그렇지 못한 사람의 차이는 뭔가에 부딪쳤을 때 뭔가를 바라보는 사고방식의 습관, 쎈스(감각)의 차이 일뿐'이라고 생각하는 나의 '사고방식'이 당신에게 전달되어 당신의 마음 어딘가를 움직일 수가 있다면 좋겠다.

저자

나의 성공 나의 암웨이

1판 1쇄 찍음 / 1996년 8월 10일
1판 15쇄 펴냄 / 2023년 2월 10일

지은이 / 나까지마 가오루
펴낸이 / 배동선
마케팅부/최진균
펴낸곳 / 아름다운사회

출판등록 / 2008년 1월 15일
등록번호 / 제2008-1738호

주 소 / 서울시 강동구 양재대로 89길 54 202호(성내동) (우: 05403)
대표전화 / (02)479-0023 팩스 / (02)479-0537
E-mail / assabooks@naver.com

ISBN 89-89724-08-2(03320)

값 5,000원

※ 잘못된 책은 교환해 드립니다.